SINGER

BIBLIOTECA DE COSTURA.MR

101 Secretos de costura

LIMUSA
GRUPO NORIEGA EDITORES

México • España • Venezuela • Argentina
Colombia • Puerto Rico

SINGER

BIBLIOTECA DE COSTURA MR

101 Secretos de costura

CONTENIDO

Cómo usar este libro 7

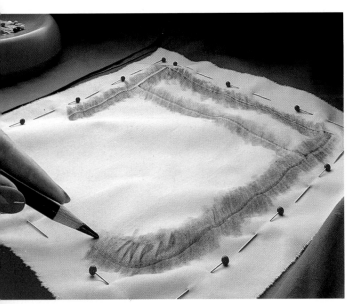

El arte de copiar 35

Secretos del oficio 53

Versión autorizada en español de la obra publicada
en inglés por Cy DeCosse Incorporated con el título de
101 SEWING SECRETS
© 1989 Cy DeCosse Incorporated (English version). All rights reserved.
© 1992 Cy DeCosse Incorporated (versión española). Derechos reservados.
ISBN 0-86573-282-5 (pastá dura, versión en español para EE.UU.)
Distributed in the U.S. and Canada by Cy DeCosse Incorporated.
5900 Green Oak Drive, Minnetonka, MN 55343, U.S.A.

CY DECOSSE INCORPORATED
Director: Cy DeCosse
Presidente: James B. Maus
Vicepresidente ejecutivo: William B. Jones

101 SEWING SECRETS
Extending the Life of your Clothes
Elaboración: Departamento Editorial de
Cy DeCosse Incorporated, en colaboración con el
Singer Education Department. Singer es marca
registrada de la Compañía Singer y se está usando
con su autorización.

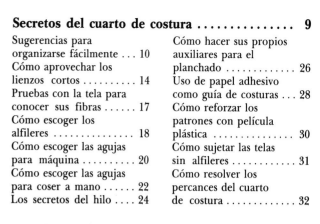

Secretos del cuarto de costura 9

Técnicas de diseñador 83

Para divertirse 109

Versión en español:
HERENIA ANTILLÓN
ALMAZÁN

La presentación y disposición en conjunto de

101 SECRETOS DE COSTURA

son propiedad del editor. Ninguna parte de esta
obra puede ser reproducida o transmitida, mediante
ningún sistema o método, electrónico o mecánico
(INCLUYENDO EL FOTOCOPIADO, la grabación
o cualquier sistema de recuperación y almacenamiento
de información), sin consentimiento por escrito
del editor.

Derechos reservados:

© 1992, EDITORIAL LIMUSA, S.A. de C.V.
GRUPO NORIEGA EDITORES
Balderas 95, C.P. 06040, México, D.F.
Teléfono 521-50-98
Fax 512-29-03

Miembro de la Cámara Nacional de la Industria
Editorial Mexicana. Registro número 121
Impreso en México
Primera edición: 1992
(8388)

ISBN 968-18-4319-3
ISBN 968-18-4321-5 (serie completa)

Cómo usar este libro

Quienes cosen en casa siempre están en busca de métodos más fáciles y eficaces o bien que proporcionen acabados de mejor calidad. Los secretos que le revela este libro le ayudarán a disfrutar la costura más que nunca.

Secretos del cuarto de costura

En la primera sección de este libro encontrará nuevas ideas para organizar y preparar su reserva de telas. Descubra también la manera de conocer el contenido en fibra de las telas, mediante la prueba de "combustión".

En esta sección aparecen informes detallados acerca de la diversidad de alfileres, agujas e hilos que puede conseguir y sus usos. Las labores de costura se facilitan cuando se seleccionan los hilos adecuados.

Aprenda cómo confeccionar su propio brazo de sastre utilizando una revista o bastón de madera y también cómo dar nuevos usos en el cuarto de costura al papel adhesivo a bajas temperaturas, las envolturas de plástico y sujetapapeles.

El arte de copiar

Los fabricantes de ropa suelen ser fuente de inspiración para quienes cosen en casa por los interesantes estilos que presentan. Aprenda cómo copiar prendas y hacer sus propios patrones. La técnica para duplicar una prenda es sencilla y se llama *técnica de frotación*; es el mismo procedimiento que se utiliza para frotar en un papel una moneda o una hoja de árbol con un lápiz suave. También puede aprender la manera de copiar detalles de diseño de la ropa comercial, como alforzas o bandas simuladas al frente, empleando métodos sencillos de confección.

Secretos del oficio

Esta sección del libro contiene secretos industriales de uso común entre los profesionales de la confección. Aprenderá nuevas maneras de resolver problemas de siempre, tales como coser hileras perfectamente rectas de sobrepespunte y la forma de colocar vistas sobre un cierre con la máquina de coser en lugar de hacerlo a mano.

Descubra métodos más fáciles y rápidos para hacer costura inglesa y aletillas con una tira, así como alamares y botones chinos de bola. En esta sección también se incluyen nuevos usos para cintas elásticas y nuevas maneras de aplicarlas.

Los broches de gancho y presilla son básicos, pero se pueden utilizar para muchas otras cosas, además de utilizarlos para abrochar. Fije una presilla de metal al tallo de un botón para darle más duración, o utilícelo en la parte superior de la abertura de una falda para evitar que la costura se rasgue. Aprenda también cómo reforzar el botón con que cierra una falda.

Técnicas de diseñador

Aprenda las técnicas de alta costura que le permitirán una mejor caída de los holanes y aprenda sugerencias para coser prendas cortadas al bies. Vea la forma en que los diseñadores utilizan varillas para obtener un ajuste entallado en trajes de noche, así como la forma de dar el acabado a prendas sedosas con ribetes definidos, rápidos y dobladillos angostos. Descubra el secreto para coser bellas alforzas y pinzas en telas transparentes utilizando costura de un solo hilo y aprenda a utilizar en forma atractiva telas listadas cortadas en tiras.

Si tiene problemas al hacer costura invisible en los dobladillos, intente la técnica para dobladillo suelto. Si acaso se jalan los dobladillos de los abrigos, cósalo con dobladillo invisible especial.

Para divertirse

En la última sección del libro se incluyen muchas sugerencias para disfrutar la costura. Por ejemplo, puede utilizar flores de seda como aplicaciones en prendas de vestir o como adorno y enmarcarlo. Puede imitar a máquina el encaje al bordar sobre tul, haciendo diseños únicos para prendas especiales. Es posible personalizar la papelería que utiliza al perforar el papel cosiéndolo a máquina.

Los botones no únicamente son funcionales, sino que también pueden ser decorativos. Aprenda cómo hacer botones en forma de crisantemo y encuentre nuevos usos para los botones comprados.

Secretos del cuarto de costura

Sugerencias para organizar fácilmente

El tiempo que se destina a la costura debe ser productivo y satisfactorio cuando se planea con facilidad. Haga una lista de todos los artículos que necesita para una labor y adquiéralos en una sola compra.

Si ya tiene la tela, mida el ancho y largo antes de seleccionar el patrón. Vea también la repetición del estampado o cuadros. Lleve siempre consigo una muestra de la tela cuando vaya a seleccionar patrones y artículos de mercería.

Al seleccionar la tela para un patrón en particular, lea las recomendaciones que aparecen en el sobre del patrón. La primera que se menciona es la que el diseñador seleccionó para la prenda original.

Cuelgue las piezas cortadas de la prenda, aún prendidas con el patrón, en un gancho para faldas a fin de impedir que se arruguen. También guarde en una bolsa de plástico transparente los artículos de mercería y deje todo junto hasta que los vaya a coser.

Pegue un poco de cinta adhesiva transparente por el revés de cada pieza de la prenda para que las identifique con facilidad después de quitar el patrón.

Coloque el patrón, hilo, botones y otros artículos de mercería que ocupará en una labor específica, en una bolsa grande de plástico transparente. Enrolle varias bobinas con hilo del color de la tela para no tener interrupciones mientras confecciona la prenda.

Cuando vaya a comprar los botones, corte una abertura en una muestra y compare el tamaño y el color del botón sobre la tela.

Las telas desacomodadas se arrugan. También es difícil encontrar la tela que desea.

Las telas acomodadas se pueden guardar en cajas de plástico transparente de acuerdo a
la clase de tela y color, para identificarlas con facilidad.

Cómo organizar y usar su reserva de telas

Una colección de telas bien organizada elimina el problema de telas olvidadas y le ayuda a usar lo que tiene con el mejor provecho. Anote en una tarjeta el largo, ancho y contenido de fibra que tiene la tela, la repetición del estampado en centímetros o pulgadas, así como los cuidados que requiere y el lugar en que la compró. Prenda la tarjeta con un alfiler de seguridad al orillo de la tela.

Tal vez separe las telas por categorías de color, contenido de fibras o método de cuidado, o las acomode según el uso que piense darles, como por ejemplo, poner en una sección todas las telas sedosas para blusa y en otra todas las telas gruesas abrigadoras.

La manera en que decida guardar su reserva de telas, dependerá del espacio que les destine, ya que las telas se pueden doblar y acomodar en repisas o acomodarlas en ganchos para colgar ropa y colocarles en su armario. También puede acomodarlas en cajones, dobladas. Tendrá las telas a la vista si utiliza cajas de plástico transparente acomodadas en repisas dentro de su área de costura.

Si adquirió tela que no planea utilizar inmediatamente, haga un tratamiento previo o lávela, de modo que esté lista para usarla. Puede hacerle un acabado a las orillas cortadas, antes de lavar la tela, para impedir el deshilachado. Antes de lavarla, coloque un alfiler de seguridad pequeño en el orillo por el lado derecho de la tela. Al sacar la tela de su reserva, identificará rápidamente el lado derecho.

Si no está segura de cuál lado de la tela es el derecho, recuerde que las telas de algodón y los linos se doblan por lo general en la pieza juntando el revés de la tela. Las telas de lana por lo general se doblan derecho con derecho, o se enrollan en un tubo de cartón, con el revés hacia afuera. En caso de que no sepa cuál es el derecho de su tela, busque agujeros de alfileres en el orillo, ya que por lo general durante el tejido de la tela, estos alfileres se ensartan por el revés.

Cómo hacer un muestrario con su reserva de telas

Archivo de muestras. Corte una muestra de cada tela que tenga guardada. Engrápela a una tarjeta y sujétela con un anillo de metal. Actualice su muestrario cuando use o compre telas nuevas.

Carpeta de bolsillo. Corte una muestra de cada tela que tenga guardada y colóquela en una carpeta pequeña para tenerla a la mano cuando vaya de compras. Actualice su carpeta conforme use las telas o las aumente.

Cómo aprovechar los lienzos cortos

En cierta ocasión puede encontrar un patrón perfectamente adecuado para una de las telas que tiene guardadas, pero no cuenta con la cantidad suficiente para confeccionar la prenda. Hay varias maneras de resolver este problema. Tal vez pueda acortar el largo de la prenda en el patrón, o tal vez pueda cambiar las mangas de largas a cortas. Al cortar telas de tejido uniforme, puede colocar algunas piezas del patrón a lo ancho de la tela para acomodarlas todas.

Vistas o ribetes contrastantes. Corte las vistas o ribetes al bies de telas similares en colores contrastantes, en lugar de hacerlo de la misma tela.

Divida en pedazos. Divida las piezas grandes del patrón en secciones más pequeñas, ya que varias piezas pequeñas se acomodan mejor en la tela que una sola pieza grande. Añada pestañas en donde cortó los patrones y haga coincidir el hilo de la tela. Para destacar las líneas del diseño, puede utilizar sobrepespuntes.

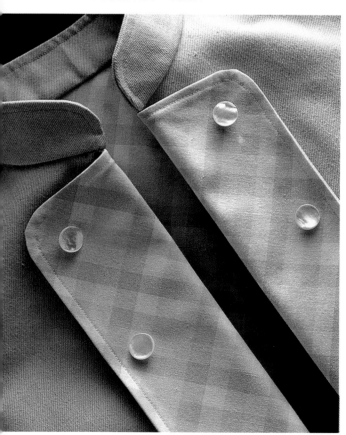

Detalles contrastantes. Utilice telas contrastantes para añadir detalles como las tiras del frente, puños y solapas. Combine los colores lisos con las telas de dibujo, para obtener un aspecto coordinado. También puede usar telas como terciopelo de algodón, tejidos de punto firmes o piel.

Bloques de color. Combine dos o más telas similares en una sola prenda. Divida el patrón siguiendo el diseño deseado, agregue las pestañas para costura y cosa juntas las piezas. Haga un sobrepespunte para detallar.

Pruebas con la tela para conocer sus fibras

Es importante conocer el contenido de fibras en la tela si es que usted padece alergias, así como para saber qué cuidado necesita. El aspecto y textura de una tela dan algunas indicaciones acerca del contenido. Los linos y telas de algodón, por ejemplo, tienden a arrugarse con facilidad al apretarlos y las sedas se sienten jabonosas o gomosas al tacto.

La prueba de combustión es una manera de distinguir entre las fibras naturales y las sintéticas. Las fibras naturales se queman y carbonizan dejando cenizas, en tanto que las sintéticas se derriten produciendo una bola dura. Todas las fibras de algodón, lino y rayón son celulosa y tienden a quemarse de la misma manera. Las fibras de seda y lana son proteínas, y se queman igual.

Algunas telas reciben un acabado con almidones, tintes u otros baños que alteran las características de combustión de las fibras

Separe las hebras longitudinales y las transversales de un pequeño retazo de lana, o desteja un tramo de tela de punto. Las diferencias en el lustre, torsión y color de las fibras indican que la tela muy posiblemente sea una mezcla. Las mezclas conservan la característica de la fibra que predomina en la tela cuando se queman, pero no se identifican con la prueba de combustión.

Para efectuar la prueba de combustión, enrolle las hebras en una bola pequeña y, mientras la sostiene con pinzas, quémela en un recipiente a prueba de fuego.

Pruebas para determinar el contenido de fibras

Algodón, lino y rayón. Las fibras se queman rápidamente dejando un rescoldo. Desprenden un olor a papel quemado y dejan una ceniza suave y gris.

Lana y seda. Las fibras se queman lentamente carbonizándose y al enroscarse se alejan de la flama. Algunas veces sólo se queman en contacto con la flama. Huelen a cabello o plumas quemadas y dejan una ceniza que se puede aplastar.

Poliéster, nailon y otras fibras sintéticas. Las fibras se queman y derriten solamente cuando están en contacto directo con la flama, o por muy poco tiempo después de quitarlas de la flama. Tienen un olor químico especial y dejan una materia dura como residuo.

Acetato y acrílico. Las fibras se queman y derriten mientras están en contacto con la flama y después de retirarlas. Dejan una chorreadura que se endurece. Puede hacer una prueba para el acetato colocando un trozo de tela en un removedor de barniz de uñas con acetona; el acetato se disuelve.

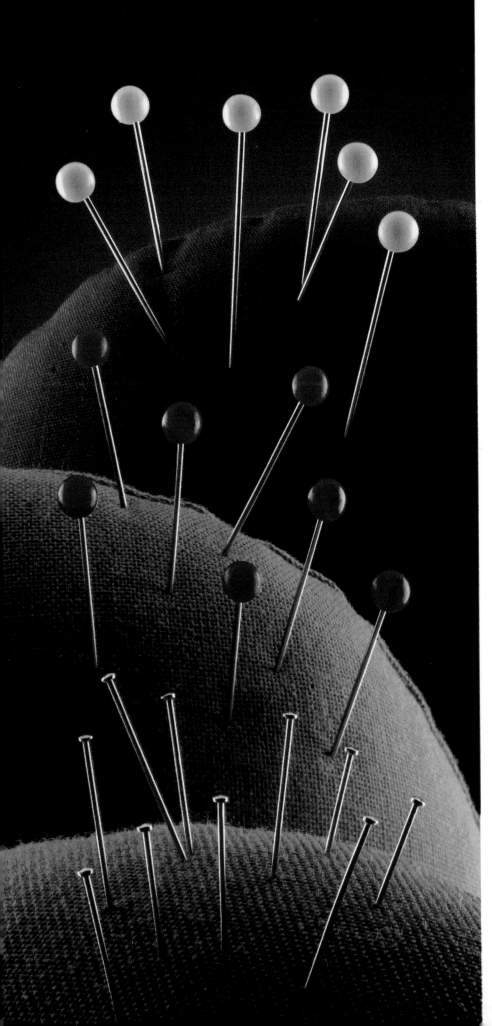

Cómo escoger los alfileres

Los alfileres se fabrican de largos y diámetros estándar. Los más delgados son los alfileres para seda, de 0.50 mm de diámetro, en tanto que los más gruesos son los alfileres en T, de 1.16 mm de diámetro. El largo se mide en dieciseisavos de pulgada. Un alfiler 16 tiene $^{16}/_{16}$", ó 2.5 cm (1") de largo; uno de tamaño 20 mide $^{20}/_{16}$", o sea 3.2 cm (1¼") de largo. Los alfileres que más se usan son los No. 17, de modista.

La mayoría de alfileres se hacen de alambre de latón, acero niquelado o acero inoxidable. Los alfileres de latón no se adhieren a los alfileteros magnéticos, pero no se oxidan.

Cuando organice los alfileres, sepárelos por tamaño y clase en alfileteros de diferente color. Los alfileres sin punta, torcidos o mellados, deberán descartarse debido a que dañan la tela. Nunca cosa sobre los alfileres, ya que pueden rayar la placa del transportador, la parte inferior del prensatelas, o dañar la aguja.

Clases de alfileres

1) Alfileres de modista. Se utilizan para todo tipo de costura, aunque no se emplean para telas finas y sedosas. Se fabrican de alambre mediano de latón, de acero niquelado o de acero inoxidable y vienen con puntas agudas o redondeadas. Se pueden comprar en tamaños 17, 2.5 cm (1¹/₁₆") y 20, 3.2 cm (1¼"), y tienen cabezas redondas normales, de cristal o plástico.

2) Los alfileres para seda se emplean con buenos resultados en sedas finas y telas sintéticas ya que los agujeros que dejan son pequeños y desaparecen rápidamente. Están fabricados de alambre fino y se pueden adquirir en tamaños 17, 2.5 cm (1¹/₁₆") y 20, 3.2 cm (1¼").

3) Los alfileres de punta roma están diseñados especialmente para tejidos de punto ya que se deslizan entre las fibras en vez de perforarlas. Se pueden adquirir en tamaño 17, 2.5 cm (1¹/₁₆").

4) Los alfileres para pliegues están diseñados para telas de tejido de punto y telas semiligeras. Son delgados de largo medio y tienen puntas redondeadas. Se pueden comprar en tamaño 2.5 cm 16, (1").

5) Los alfileres para acolchado se utilizan para capas gruesas. Son extralargos con un tallo angosto y se consiguen en tamaño 28, 4.5 cm, (1¾") con cabezas normales o redondas de cristal.

6) Los alfileres en T se utilizan para artesanías o para prender las telas gruesas a los maniquíes para costura. Son largos, hechos de alambre grueso y se consiguen en tamaños del 20, 3.2 cm (1¼") y 28, 4.5 cm (1¾").

7) Los alfileres para lentejuelas se usan principalmente para prender lentejuelas y cuentas a la espuma de poliuretano. Son cortos y se consiguen en tamaño del 8, 1.3 cm (½") y 12, 1.9 mm (¾") con cabeza regular.

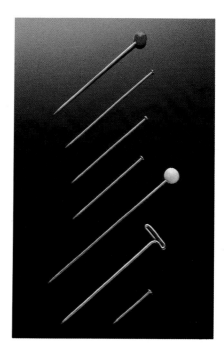

Los alfileres se muestran en tamaño real.

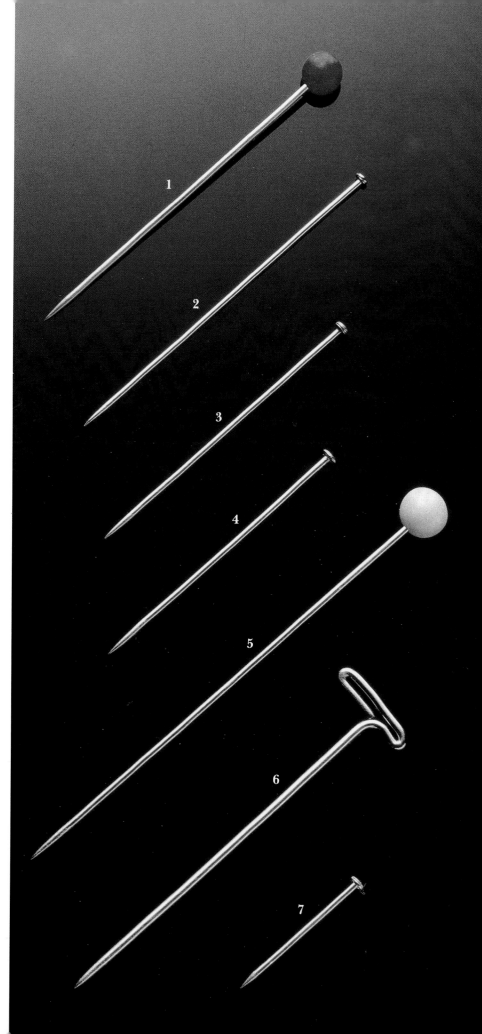

1

2

3

4

5

6

7

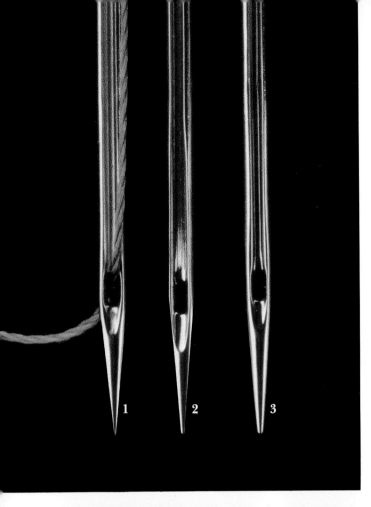

Cómo escoger las agujas para máquina

El sistema europeo de gradación para las agujas de máquina está numerado del 60 al 120, basado en el diámetro de la aguja; el sistema americano va del 8 al 21. Este sistema no incluye agujas industriales.

La mayor parte de paquetes de agujas tienen ambas numeraciones con el fin de evitar confusión, tal como 60/8 y 100/16. Una aguja tamaño 60/8 mide 6 mm y una 100/16 mide 1 mm de diámetro. Mientras más pequeño sea el número, más delgada es la aguja.

1) Las agujas puntiagudas se utilizan para todas las telas tejidas, especialmente las pesadas y de tejido denso. Son buenas para hacer sobrepespunte, ya que tienen puntas agudas que penetran el tejido. Los tamaños fluctúan entre 60/8 y 120/20.

2) Las agujas para uso general se utilizan para todo tipo de costura, reservando los tamaños mayores para sobrepespunte. La punta que es ligeramente redondeada perfora la tela y divide los hilos. Los tamaños fluctúan entre 60/8 y 120/20.

3) Las agujas de punta roma se utilizan para coser en tejidos de punto; la punta redondeada permite que la aguja se deslice entre los hilos en lugar de traspasarlos. Los tamaños fluctúan entre 60/8 y 100/16.

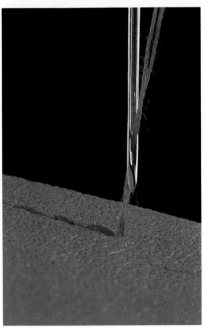

Las agujas para coser cuero cortan éste al penetrar sin rasgarlo ni saltar puntadas. No se recomiendan para ante sintético. Tienen forma de cuña con puntas cortantes. Los tamaños fluctúan entre 90/14 y 110/18.

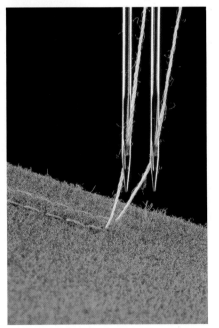

Agujas gemelas o agujas dobles. Se utilizan para puntadas de adorno, sobrepespunte y alforzas. Se montan dos agujas en el mismo tallo. Los tamaños fluctúan entre 80/12 y 90/14 en anchos de 1.8 mm a 4.0 mm. Una aguja gemela para telas elásticas de 75/11 mide 4.0 mm de ancho.

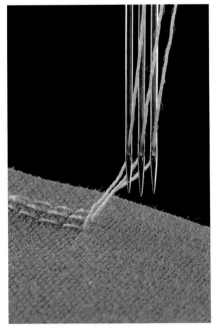

Agujas triples. Están diseñadas para una puntada recta decorativa cosida con hilo delgado, pero no se pueden usar en telas gruesas o capas múltiples de tela. Las tres agujas vienen cerca una de otra en el mismo vástago. Los tamaños van de 80/12, con 2.5 mm de ancho, a 90/14 con 3.0 mm de ancho.

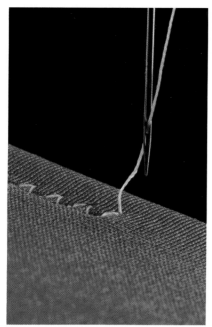

Las agujas para material elástico, al igual que las de punta roma, están diseñadas para evitar saltarse puntadas en las telas elásticas. Los tamaños van de 75/11 a 90/14.

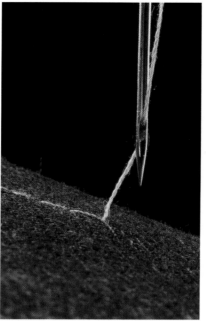

Las agujas para mezclilla, están diseñadas para coser telas de tejido muy denso, así como telas con acabados pesados. No se desvían porque las puntas redondeadas son agudas, el cuerpo de la aguja es duro y el ojo es angosto. Los tamaños fluctúan entre 90/14 y 110/18.

Agujas para sobrepespunte. Tienen ojos grandes para que puedan pasar los hilos más pesados, como el que se utiliza para sobrehilar, sin saltar puntadas ni adelgazar el hilo. Los tamaños fluctúan entre 80/12 y 110/18.

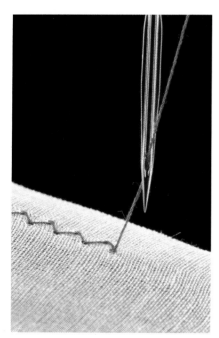

Las agujas biseladas están diseñadas para dobladillos de adorno. Separan los hilos al pasar formando un agujero en las telas rígidas como el lino. El cuerpo de la aguja es como dos alas que se proyectan a ambos lados del ojo. Los tamaños fluctúan entre 100/16 y 120/20.

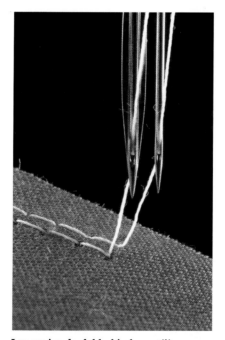

Las agujas de doble bisel se utilizan para puntadas de ornato o para coser prendas que durarán mucho tiempo. En un solo vástago hay dos agujas montadas. La aguja común hace un agujero pequeño en tanto que la aguja biselada hace el sobrepespunte. Vienen únicamente en tamaño 100/16.

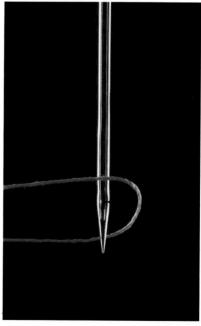

Las agujas con ranura se ensartan con facilidad, por lo que las usan las personas que tienen dificultad para hacerlo. En el cuerpo de la aguja hay una ranura inclinada hacia el ojo, de modo que el hilo se deslice por el cuerpo hasta entrar en el ojo. Se utilizan para coser en telas semiligeras. Los tamaños varían entre 80/11 y 100/16.

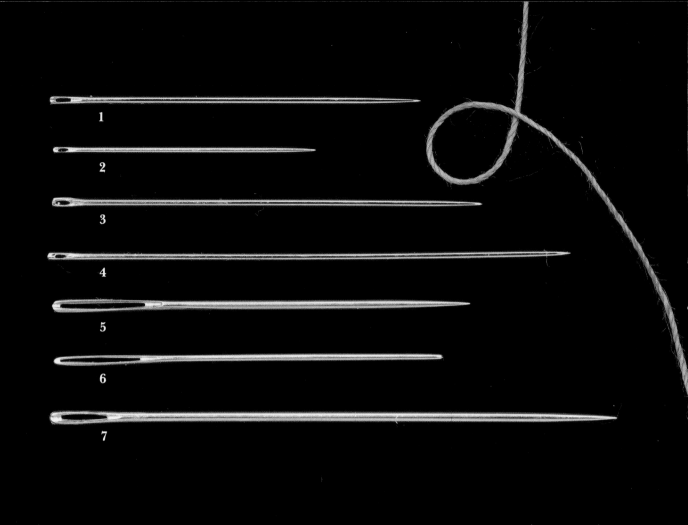

Cómo escoger las agujas para coser a mano

Al escoger una aguja para una labor específica, tenga presente el tipo de hilo y tela que va a emplear. Utilice la aguja más fina que permita el paso del hilo o hilaza que desea coser. Mientras más fina o transparente sea la tela, más puntiaguda y delgada debe ser la aguja. La mayoría de agujas se numeran según dos diferentes gradaciones, ya sea del 1 al 15 o del 13 al 26. En cada escala, mientras más pequeño sea el número, más larga y gruesa será la aguja. Algunas agujas tienen puntas redondeadas para usarse en la costura de tejidos de punto.

Las agujas con baño de platino son de acero inoxidable, con un ligero baño de platino que disminuye el arrastre y la fricción al deslizarse la aguja a través de la tela. Las agujas platinadas reducen el tiempo de costura y son resistentes a los aceites y ácidos del cuerpo, por lo que no dejan manchas. Aunque se puede dar un baño de platino a cualquier tipo de aguja, las más comunes que se encuentran con este acabado, son las que sirven para acolchar, bordar y remendar.

1) Las agujas puntiagudas se utilizan para costura general. Son de largo medio con ojos pequeños redondeados. Los tamaños fluctúan entre 1 y 12.

2) Las agujas medias se utilizan para acolchar y para labores manuales de detalle. Son cortas, con ojos pequeños y redondeados. Los tamaños fluctúan entre 1 y 12.

3) Las agujas de punta roma se utilizan para coser tejidos de punto en general. Tienen una punta especial que permite se deslice entre los hilos del tejido. Los tamaños fluctúan entre 1 y 18.

4) Las agujas para hilvanar se utilizan también para plegar y en sombrerería. Son largas y delgadas con agujeros pequeños y redondos. Los tamaños fluctúan entre 1 y 10 y 15 y 18.

5) Las agujas de canevá se utilizan para bordados gruesos en telas de trama muy apretada. Son cortas y gruesas con ojo grande y puntas agudas. Los tamaños fluctúan entre 13 y 24.

6) Las agujas para tapicería se utilizan para bordado en tejidos sueltos y son adecuadas para que los niños pequeños aprendan a coser. Son cortas, con puntas sin filo y ojos largos para dar cabida a varias hebras de hilo. Los tamaños fluctúan entre 13 y 26.

7) Las agujas de doble largo para zurcir se utilizan para hacer reparaciones con hebras múltiples de hilo, estambre o hilaza. El largo de la aguja ayuda a abarcar el agujero que se esté remendando. Son gruesas con ojos amplios. Los tamaños fluctúan entre 1 y 9 y 14 y 18.

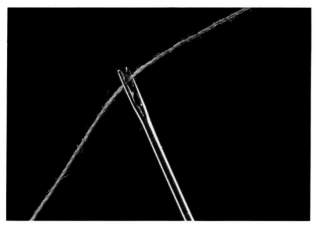

Las agujas con ranura se utilizan para costura en general, y las usan las personas que tienen dificultad para ensartarlas. Tienen dos ojos y para ensartar el hilo, se jala por el ojo abierto superior, deslizándose después para quedar ensartada. Los tamaños van del 4 al 8.

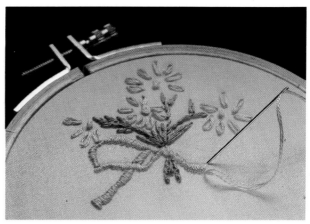

Las agujas para bordado son de un largo medio, con ojo oval largo para que quepa la hilaza o varias hebras de hilo para bordar. Los tamaños van del 1 al 10.

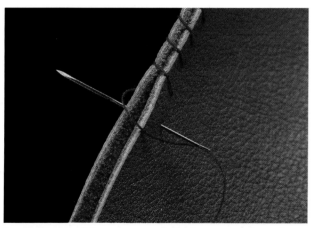

Las agujas para piel o guantes, están hechas para perforar el cuero, antes sintéticos y plástico, sin desgarrar los agujeros. Son largas y resistentes, con puntas triangulares afiladas, desvanecidas. Los tamaños van del 1 al 8.

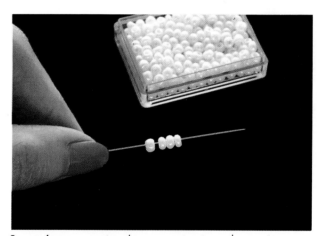

Las agujas para cuentas sirven para ensartar varias cuentas o perlas diminutas de una sola vez antes de coserlas a la tela. Son largas y delgadas, con ojo pequeño y redondo. Los tamaños van del 10 al 15.

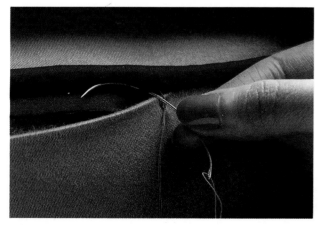

Las agujas de tapicería sirven para coser directamente sobre el mueble tapizado. Son resistentes, curvas o rectas, con ojo grande para que pase con facilidad el hilo de tapicería. Las agujas curvas van de 5 cm (2") a 20.5 cm (8") de largo y las rectas, de 10 cm (4") a 40.5 cm (16").

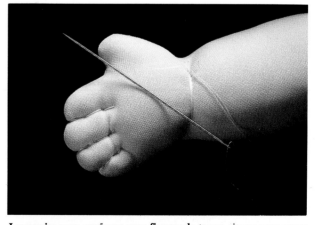

Las agujas para muñecas para figuras de trapo sirven para coser el cuerpo y detalles del rostro de una muñeca con cuerpo de trapo. Son de peso medio con ojos largos. Los largos van de 9 cm (3¹/₂") a 15 cm (6").

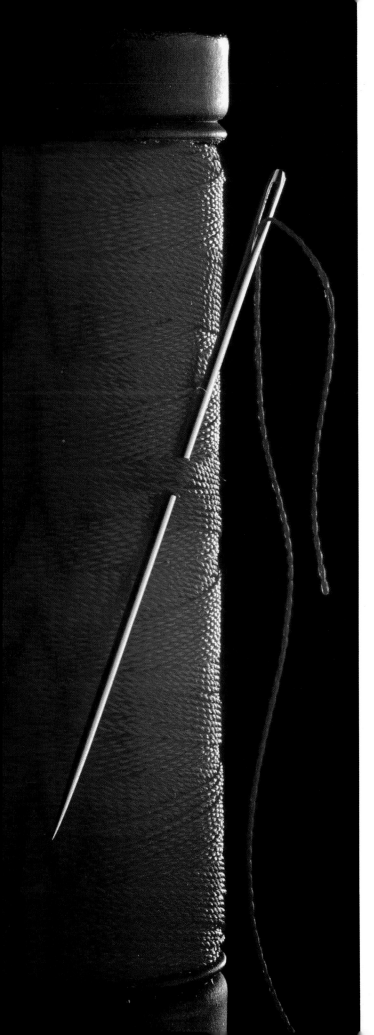

Los secretos del hilo

El hilo es parte importante de la prenda. Las puntadas saltadas, costuras fruncidas o las roturas del hilo, normalmente se eliminan al escoger adecuadamente el hilo.

El hilo de algodón se cose con facilidad y acepta bien el teñido. Un hilo mercerizado de algodón de buena calidad tiene más resistencia y origina menos pelusa que los hilos baratos de algodón. El hilo de poliéster proporciona resistencia y elasticidad además de ser resistente a la abrasión. El hilo de poliéster cubierto de algodón combina las buenas cualidades de ambas fibras, ya que se cose como algodón y tiene la resistencia del poliéster.

El hilo de monofilamento de nailon se combina tan bien con la tela que resulta casi invisible. El hilo delgado de nailon no es bastante resistente para áreas sujetas a tensión, pero se utiliza para dobladillos y acabados en las costuras. El hilo grueso de nailon se tiñe en muchos colores y es suave, cómodo y resistente.

Por lo general, el hilo hecho de fibras naturales como aldogón, se utiliza para coser telas de fibras naturales y el de fibras sintéticas, como de poliéster o nailon, se utiliza para coser telas sintéticas. El hilo de poliéster envuelto en algodón se utiliza para coser todas las telas.

Calidad del hilo. El hilo de buena calidad **(a)** es terso y pasa en forma regular por la aguja. Un hilo de mala calidad **(b)** tiene secciones gruesas y delgadas que impiden que se deslice con facilidad y esto ocasiona pelusa y hace que se adelgace. Para cerciorarse de la calidad, compare el hilo claro contra una superficie oscura y el hilo oscuro contra una superficie clara.

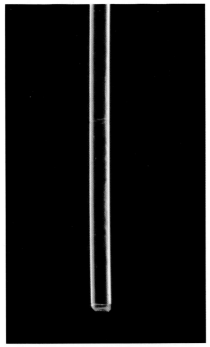

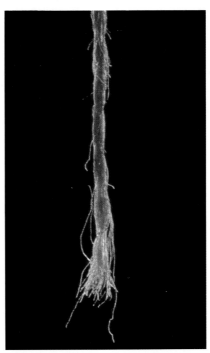

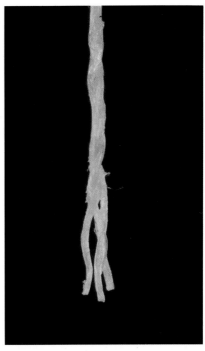

Filamento se refiere a una sola fibra de largo indefinido, hasta varios kilómetros de largo. El hilo de monofilamento de nailon está formado de un solo filamento. El hilo grueso de nailon está formado de varios filamentos ligeramente torcidos entre sí.

El hilo está formado de fibras que pueden ser cortadas o largas y se hilan juntas para formarlo. El hilo de fibra larga se utiliza para costuras lisas que no causen problemas.

Trenza se refiere al número de cabos que forman el hilo al retorcerlos juntos. El hilo de tres cabos se utiliza para usos generales. El hilo de dos cabos es muy delgado y se utiliza para bordar y remendar a máquina.

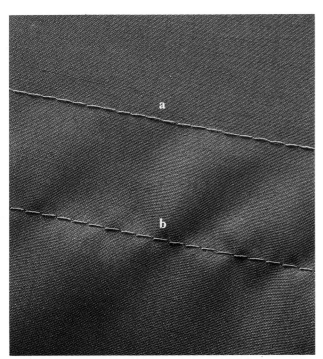

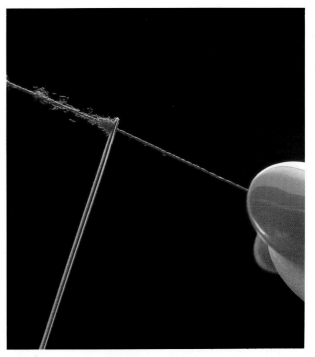

Cómo evitar los frunces. Los hilos de poliéster y el monofilamento de nailon son resistentes y no se desgastan con facilidad, teniendo además la característica de ser elásticos, de modo que resultan especialmente adecuados en telas elásticas. Sostenga la tela estirada mientras hace las costuras para impedir que las costuras que quedan planas y lisas inmediatamente después de coserlas **(a)** se frunzan uno o dos días después **(b)**.

Cómo prevenir el adelgazamiento del hilo. Utilice hilo de buena calidad y el tamaño adecuado de aguja para prevenir que se adelgace o desgaste y que se acumule en el ojo de la aguja. El hilo disparejo o lleno de pelusa se desgasta, y esto lo rompe. Este desgaste también se presentará cuando el hilo roce áreas ásperas en la máquina o si la aguja tiene un ojo demasiado pequeño para el grueso del hilo.

Cómo hacer sus propios auxiliares para el planchado

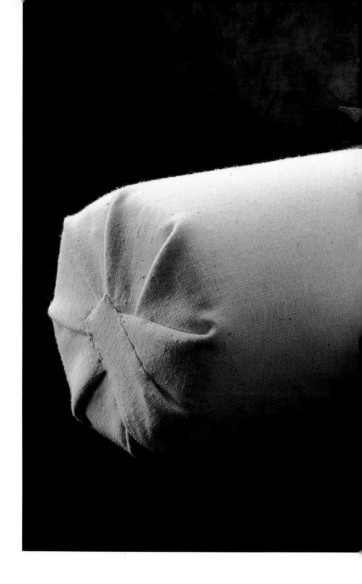

Cuando utiliza el equipo adecuado de planchado, obtiene una prenda de acabado profesional. Sin embargo, esto no requiere un gasto excesivo. Algunos artículos que utiliza diariamente en su hogar se pueden aprovechar para hacer su equipo de planchado.

Un brazo de sastre acojinado retiene el vapor y se puede confeccionar en el largo que desee. Envuelva un rodillo de 2.5 cm (1") de diámetro muy apretado con capas de tela de lana y cubra la lana con manta.

Si enrolla una revista muy apretada y la coloca dentro de un tubo de manta, la revista se extiende ligeramente acomodándose dentro del tubo, formando un brazo de sastre bien apretado.

Los rodillos de madera de varios diámetros resultan adecuados para planchar las costuras abiertas. La superficie curva del rodillo impide que las orillas de la costura dejen marcas por el derecho de la tela, ya que la plancha no las toca.

Cómo hacer un brazo de sastre acojinado

1) Corte tela de lana al largo del rodillo madera, dejando 1.3 cm (¹/₂") más. Sujete la tela con cinta adhesiva o grapas al rodillo de 2.5 cm (1") y envuélvala muy apretada hasta tener el diámetro deseado. Sujete con ligas de hule y cosa la orilla a mano.

2) Corte manta del largo del rodillo de madera, más el sobrante necesario para rematar los extremos. Envuelva el rollo muy apretado con la manta. Voltee la orilla cortada hacia abajo. Sujete con ligas mientras hace una costura a mano con punto deslizado en las orillas y extremos, que sostengan firmemente la tela.

Dos maneras de utilizar rodillos para planchar costuras

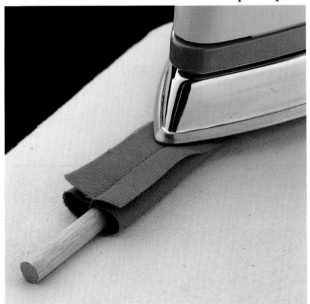

Rodillo delgado. Utilice un rodillo de madera de 1 cm (³/₈") de diámetro para planchar las costuras abriéndolas en lugares difíciles de alcanzar, como puños, tirantes y la ovilla de las pretinas.

Rodillo grueso. Utilice un rodillo de madera de 2.5 cm (1") de diámetro para planchar las costuras abiertas sin marcar las orillas por el derecho de la tela.

Uso de papel adhesivo como guía de costuras

El papel adhesivo a bajas temperaturas se puede utilizar como guía planchable cuando es preciso tener una costura exacta. Cosa a lo largo del papel y despréndalo al terminar.

El papel adhesivo a bajas temperaturas resulta muy adecuado para hacer moldes para acolchado. Dibuje el diseño por el lado liso y opaco del papel, haciendo impresiones en espejo de las letras y números. Si marca el color del molde y el número de piezas secuencialmente, será más fácil armar su labor de acolchado. Haga un patrón guía que le sirva como referencia.

Cómo utilizar papel adhesivo a bajas temperaturas

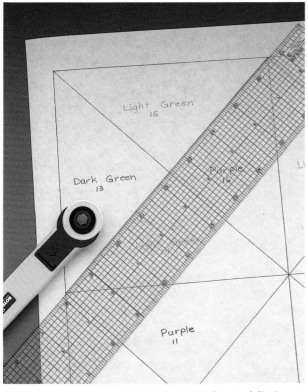

1) Corte los moldes para la labor de acolchado con el diseño que haya trazado en el papel adhesivo con calor, con las claves de color y número de piezas de cada uno.

2) Planche los moldes, con el lado brillante hacia abajo, por el revés de la tela, con una plancha sin vapor, con temperatura para algodón. Corte la tela agregando pestañas de 6 mm (¹/₄").

3) Una las piezas con costura para formar los bloques del acolchado usando el molde como guía de costura. Desprenda el papel y utilícelo de nuevo.

Para los detalles de la prenda. Utilice papel adhesivo a bajas temperaturas planchado por el revés de la tela, para coser un cuello, puño, bolsillo o cualquier otro detalle de la prenda y guíese por la orilla.

Cómo reforzar los patrones con una envoltura plástica

Los patrones de papel que se utilizan varias veces acaban por gastarse. Una buena manera de conservarlos y aumentar su duración es emplear una capa de envoltura plástica como adhesivo entre el patrón y una hoja de papel de china. La envoltura de plástico o las bolsas de ropa de tintorería resultan muy adecuadas. Las envolturas de plástico que se usan para hornos de microondas no se adhieren.

El plástico se coloca entre el papel de china que va a emplear y el patrón y luego los plancha. Como precaución y para que el plástico no se le derrita con la plancha muy caliente, cubra la parte sobrante del plástico con otra capa de papel de china.

El patrón ya reforzado puede guardarse prendiéndolo a un gancho para faldas o enrollándolo suavemente.

Cómo reforzar un patrón con una envoltura plástica

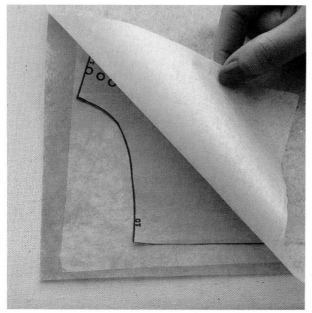

Alise el patrón y el papel de china con una plancha seca tibia. Coloque el papel de china sobre el burro de planchar, habiéndolo cortado más grande que el patrón; cubra con la hoja de plástico. Coloque el patrón con el lado impreso hacia arriba, directamente sobre el plástico. Cubra la parte libre del plástico con otro papel de china.

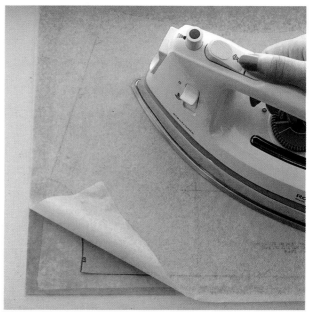

Planche lentamente sobre el patrón, con plancha seca con calor para algodón. Voltee al otro lado y planche de nuevo. Revise para ver que todas las áreas se hayan unido bien. Cuando esté frío, recorte el papel y plástico sobrantes.

Cómo sujetar las telas sin alfileres

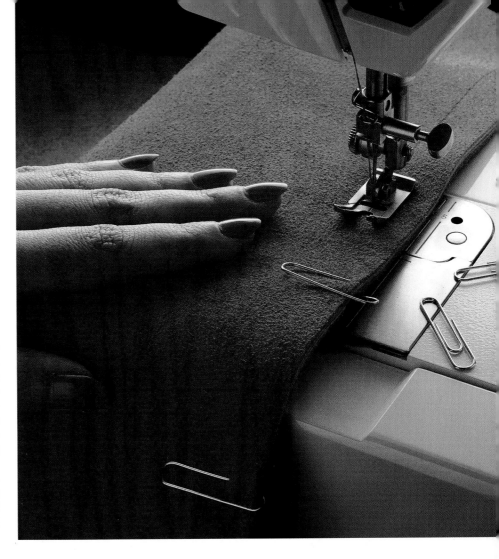

Algunas telas son tan voluminosas o pesadas que resulta difícil sujetarlas con alfileres. Al coser cuero, vinilo, ante sintético, pieles sintéticas y telas acolchadas, puede usar artículos como sujetapapeles de distintos tamaños, pinzas para ropa o cinta adhesiva para sostener las costuras juntas antes de hacer la costura.

Los sujetapapeles o pinzas de ropa deben quitarse inmediatamente antes que llegue el prensatelas a ese lugar y así permitir la costura, mientras sostiene el resto de la tela en su lugar.

Dos maneras de sujetar las telas sin alfileres

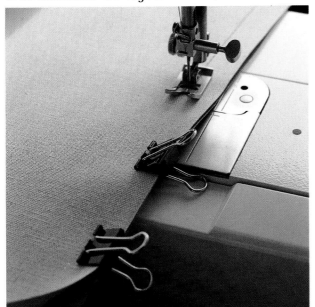

Sujete las capas de material muy compacto, pesado o voluminoso utilizando sujetapapeles de presión para evitar que se deslicen mientras las cose.

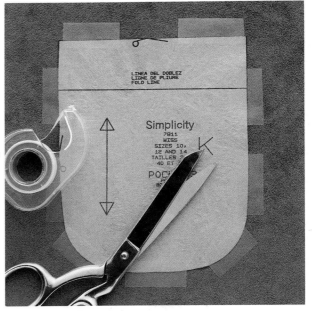

Pegue con cinta transparente el patrón a las telas que pueden maltratarse con alfileres. Para mayor precisión, corte una sola capa a la vez.

Cómo resolver los percances del cuarto de costura

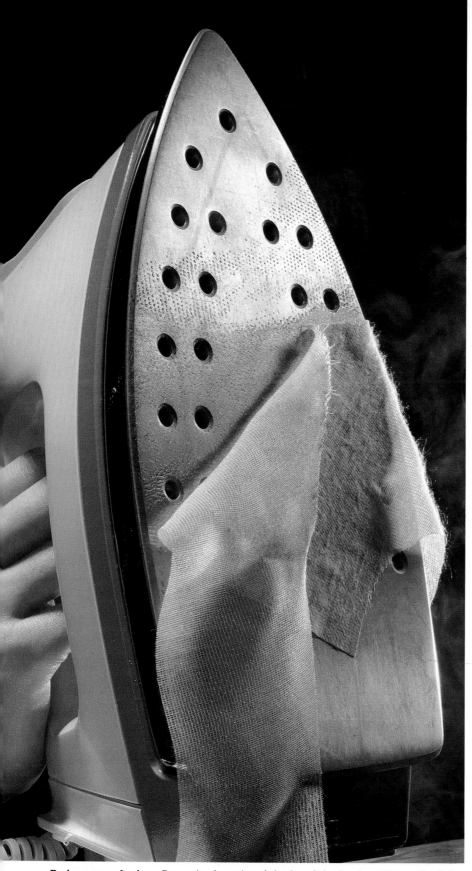

Mientras confecciona una prenda, pocas cosas resultan más molestas que manchar o quemar accidentalmente la tela. Sin importar cuán cuidadosa sea usted, los accidentes pasan, pero algunos se pueden remediar. Siempre haga una prueba con quitamanchas en un retazo de la misma tela o en una sección no visible de la prenda, tal como la pestaña de una costura, vista o dobladillo.

Consejos para resolver percances

Resinas que se derriten. Para quitar las resinas de la placa de la plancha, utilice un limpiador comercial para planchas, o si es tan sólo una pequeña cantidad de resina, utilice una bola arrugada de papel encerado. Para quitar las resinas de la tela, utilice alcohol desnaturalizado.

Huellas de papel carbón. Haga una bola de algodón, humedézcala con un solvente para lavado en seco y presione varias veces la mancha. Lave después la tela con agua tan caliente como se pueda.

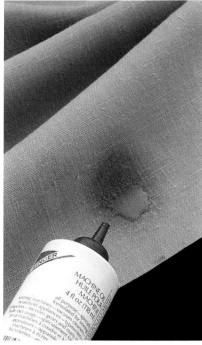

Aceite para máquina de coser. Haga una bola de algodón y mójela con solvente para lavado en seco, presionando la mancha. Si se trata de una tela lavable, utilice un desmanchador con base de aceite o detergente líquido para lavado, aplicándolo directamente a la mancha.

Quemadura. Presione la tela quemada con un pedazo de algodón humedecido con agua oxigenada al 3%. También puede cubrir la parte quemada con un trapo empapado en agua oxigenada para cubrir después con un trapo seco, planchando después la tela con la plancha tan caliente como aguante la tela. Enjuague bien la tela.

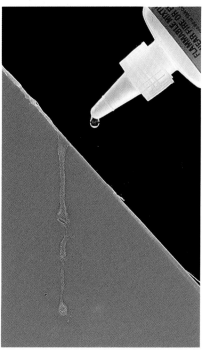

Líquido para prevenir el deshilachado. Oprima suavemente la tela con un pedazo de algodón mojado en alcohol desnaturalizado. Una vez que el líquido se seca, es más difícil quitar la mancha.

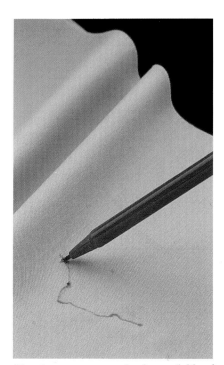

Plumón para marcar de tinta soluble al agua. Cualquier mancha que haya sido planchada debe humedecerse con un pedazo de algodón mojado en agua oxigenada. Después se enjuaga bien la tela.

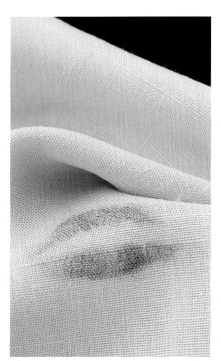

Lápiz labial. Talle una barra de removedor de manchas, detergente líquido o un desmanchador de base oleosa en la mancha y lávela. En las telas no lavables, utilice un solvente para lavado en seco.

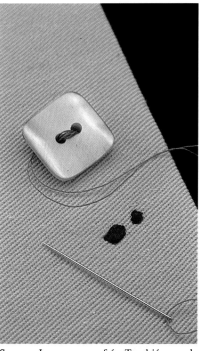

Sangre. Lave en agua fría. También puede oprimir con un trozo de tela humedecido en su propia saliva, que contiene las mismas enzimas que su sangre; esto ayuda a quitar la mancha. Para manchas rebeldes, utilice un líquido para remojar que contenga enzimas.

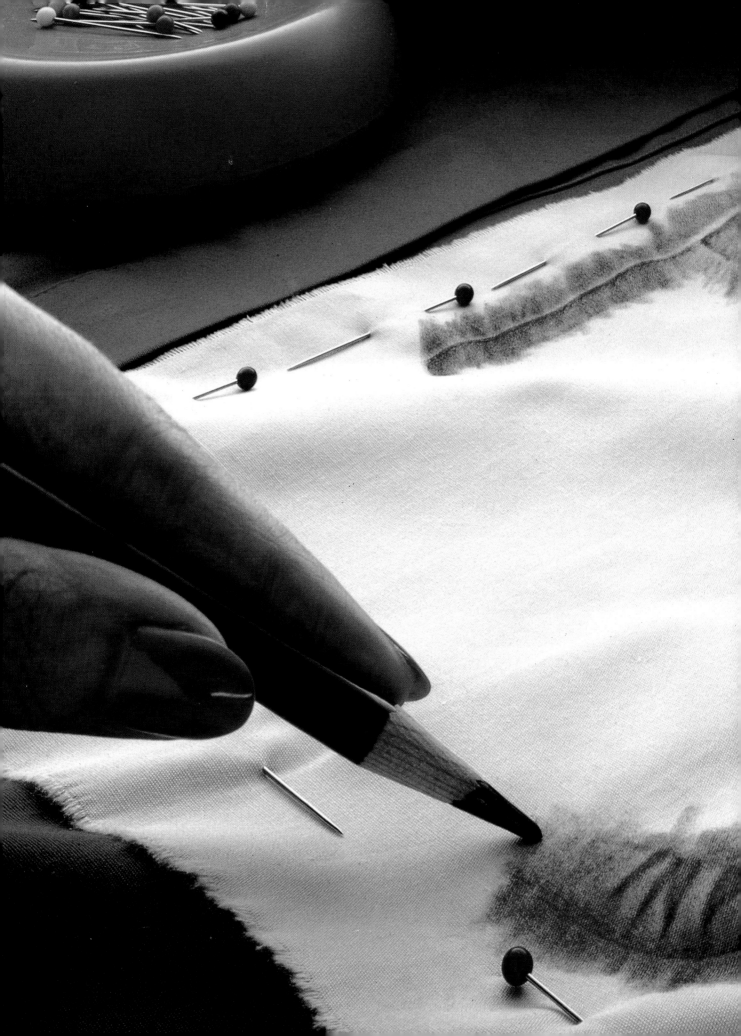

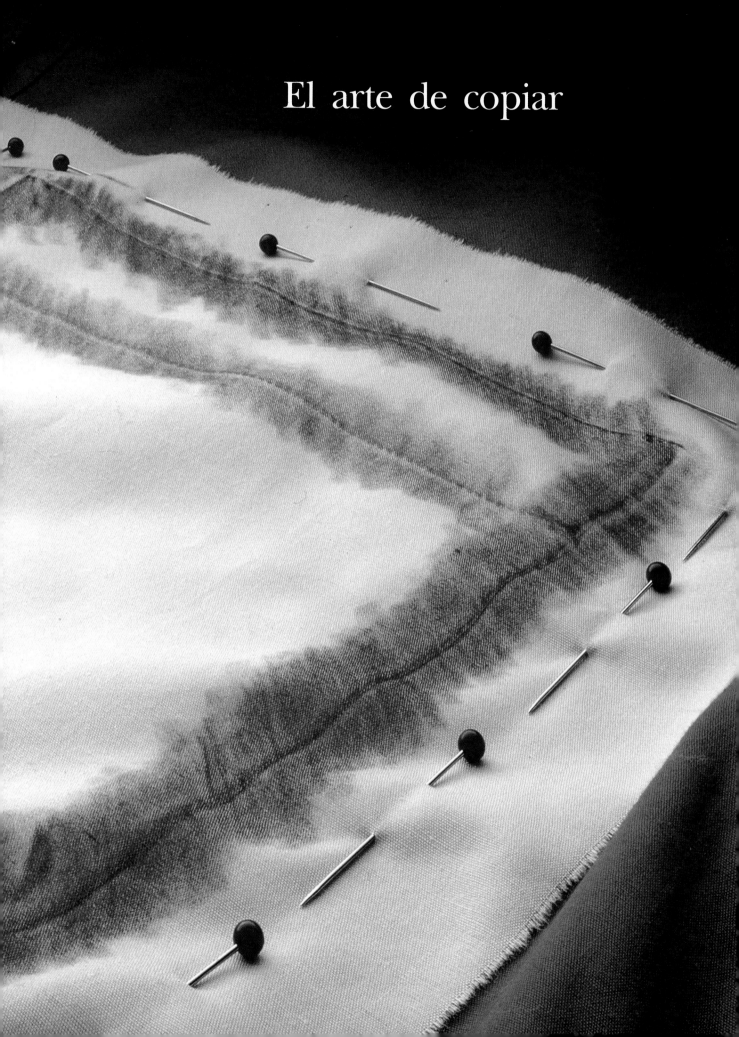

El arte de copiar

Técnica para calcar prendas

Es probable que su prenda favorita se vea un poco desgastada o tal vez le gustaría que el estilo y la forma como le quede cierta prenda pudiera tenerlos en otra tela. Es posible copiar la prenda sin descoserla para hacer un patrón si utiliza una técnica denominada *de frotación*. Esta técnica es similar a la forma como se logra la impresión de monedas u hojas, mediante un lápiz suave.

Para copiar cada pieza de una prenda, se coloca un lienzo de muselina por el exterior de la prenda, se prende y se alisa desde el centro hacia las líneas de costura. Las costuras y detalles de la prenda se pasan a la muselina frotando un lápiz de grafito suave por encima de pinzas y costuras.

Revise la prenda para ver cómo fue confeccionada, ya que no cuenta con la hoja de instrucciones del patrón. Fíjese también en qué áreas se utilizó entretela en la prenda original.

Tal vez desee hacer una prenda de prueba en un material barato para probar el patrón de muselina. También puede usar las piezas de muselina, hilvanándolas para hacer una muestra de prueba y luego hacer en la muselina misma los ajustes necesarios antes de confeccionar la nueva prenda.

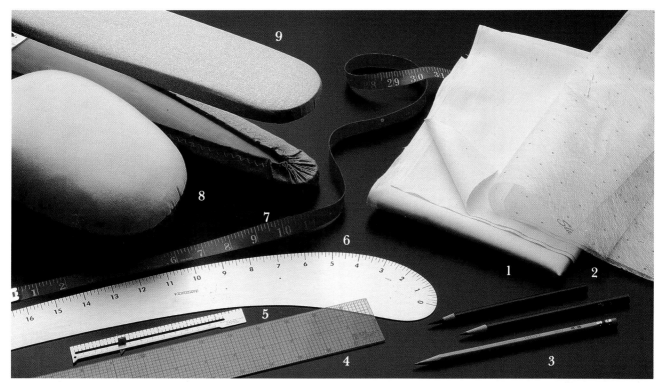

Equipo. Para trazar se utiliza muselina delgada **(1)** y en lugar de ésta, puede utilizar papel para trazar patrones **(2)**, que es una tela translúcida no tejida, con o sin marcas de cuadrícula. Para el marcaje se utiliza un lápiz de grafito suave **(3).** Entre las herramientas para medir se incluye una regla transparente **(4)**, de 2" × 18" (5 × 46 cm), un medidor de costuras **(5)**, regla curva **(6)** y cinta de medir **(7)**. Para copiar las áreas con forma hace falta un brazo de sastre **(8)** y un planchamangas **(9)** para copiar una manga montada.

Normas para calcar prendas frotándolas

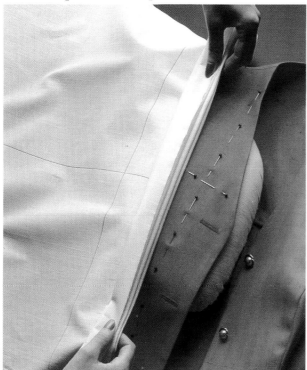

Señale el hilo de la tela tanto en la prenda como en la muselina. Cubra las piezas de la prenda con la muselina casando el hilo de la tela en ambas.

Alise las capas de tela de la prenda y la muselina. Frote o dibuje los detalles como ojales y líneas de costura con un lápiz suave, a fin de contornear el patrón.

Cómo calcar una prenda frotándola

Antes de empezar a copiar una prenda, límpiela y plánchela para eliminar las deformaciones del uso. Señale después la dirección del hilo de la tela en cada pieza de la prenda. También es de gran ayuda señalar las piezas que llevan el hilo a lo ancho en particular, si se copian piezas de la prenda que lleven pliegues, alforzas o pinzas. Si la dirección del hilo de la prenda no se señala con precisión, la prenda no tendrá la misma caída.

Señale la dirección del hilo en un lienzo de muselina y colóquelo sobre la sección de la prenda. Fije con alfileres la muselina a la prenda haciendo coincidir la dirección del hilo; alise la prenda y la muselina conforme trabaja del centro hacia las costuras. Coloque los alfileres muy juntos para impedir que la tela se deslice. Cuando vaya a señalar las costuras en la muselina, frote las costuras o márquelas con un lápiz suave.

Después de marcar todas las piezas de la prenda, mida las dimensiones de las piezas de muselina y compárelas con las de la prenda para cerciorarse de que son exactas.

Mida también las líneas de las costuras que se deben unir, ya que deben ser del mismo largo a menos que vayan desvanecidas, plegadas o con tablas. Dibuje de nuevo las líneas que trazó con una regla recta o curva para que estén parejas y uniformes, esto se llama *rectificar*. Aumente las pestañas de costura y etiquete cada pieza del patrón con el nombre de la parte de la prenda a la que corresponde y el número de piezas que deberá cortar.

En una prenda simétrica, sólo se copia la pieza derecha o izquierda de la prenda, o únicamente la mitad de cualquier pieza simétrica grande que al cortar la prenda se colocará sobre el doblez.

Las detalladas instrucciones que se proporcionan a continuación le guiarán para copiar las piezas básicas de una prenda que se acomodan planas. Cuando se copia una manga montada, hay que consultar las páginas 42 y 43. Si va a copiar piezas rectangulares y detalles que tengan amplitud, como áreas que lleven resorte, pliegues, pinzas y tablones, consulte las páginas 44 a 47.

Cómo calcar una prenda frotándola

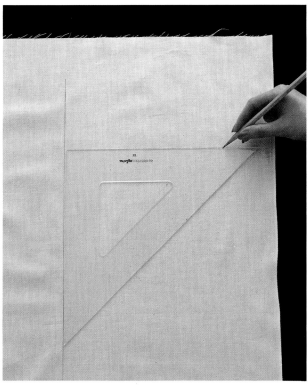

1) Corte un trozo de muselina más grande que el ancho y largo de cada parte de la prenda, dejando margen también para las pes-tañas de costura. Señale el hilo de la tela en cada pieza.

2) Señale el hilo de la tela en cada pieza de la prenda prendien-do o hilvanando a lo largo del hilo con una hebra contrastante.

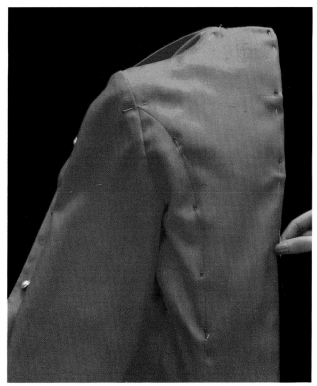

3) Doble por la mitad y en el centro las partes de la prenda, ya sea que se trate del trasero o delantero, si es que la pieza se va a cortar con la tela doblada. Hilvane por la línea del doblez.

4) Coloque los alfileres a lo largo de las costuras en los lugares donde desea las muescas, como en las sisas y áreas que se desvane-cen o pliegan.

(continúa en la página siguiente)

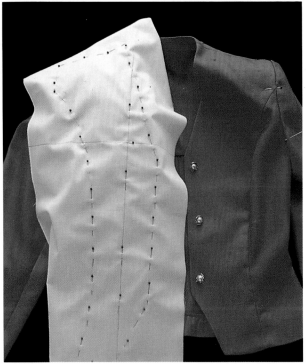

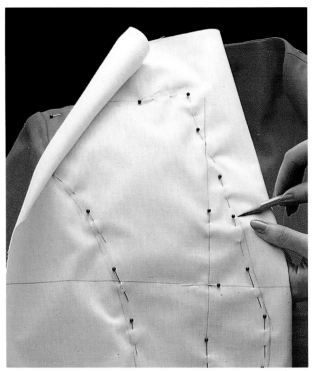

5) Coloque la muselina sobre la pieza de la prenda, casando la dirección del hilo de la tela y prenda con alfileres. Alise ambas telas, colocando alfileres a lo ancho de la prenda y del dobladillo, como sea necesario para sostener la prenda y la muselina en su lugar. Prenda en forma paralela a las costuras.

6) Frote el lápiz sobre las líneas de costura a modo de que pasen a la muselina, colocando alfileres en la costura, si es necesario, para definir la línea. Frote todos los detalles como ojales y bolsillos a fin de señalar su colocación; frote también los alfileres para marcar las muescas. Quite la muselina.

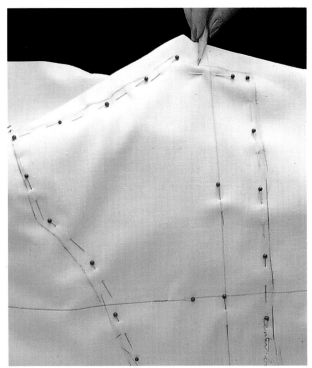

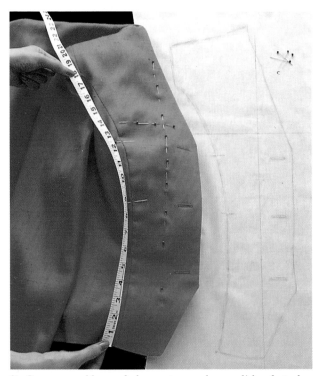

7) Repita los pasos anteriores para calcar otras partes de la prenda, frotando únicamente la mitad de cualquier parte de la prenda que se vaya a cortar sobre un doblez, página 39. Señale la línea del doblez en la muselina.

8) Compare el largo de las costuras y las medidas de todas las piezas de muselina con las de la prenda y haga los ajustes necesarios.

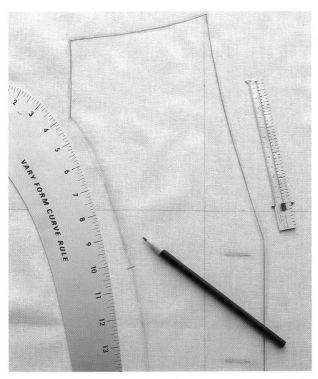

9) Verifique las líneas de costura de todas las partes de la prenda utilizando una regla para dibujar las costuras rectas o una regla curva para dibujar las líneas curvas.

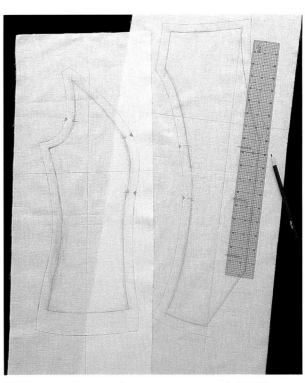

10) Agregue las pestañas para costuras y dobladillos.

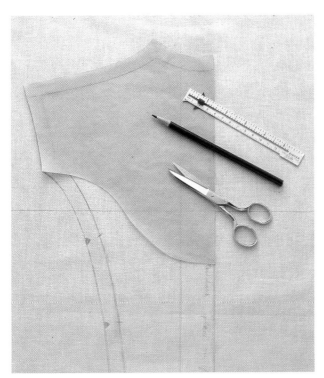

11) Copie las vistas, también con el método de frotación. Otra manera es utilizar las piezas de muselina para dibujar los patrones de las vistas.

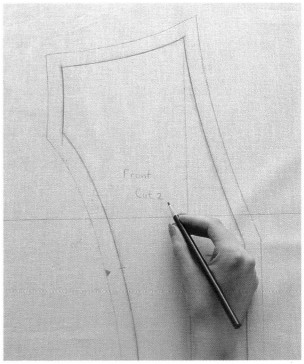

12) Identifique las piezas de muselina con el nombre de la pieza de la prenda que corresponda y numere las piezas que va a cortar.

Cómo calcar
una manga

Cuando se desea hacer un patrón exacto para una manga recta, coloque la manga sobre un planchamangas de manera que pueda envolver la muselina alrededor de la manga y prenderla. Para formar la copa de la manga, hará falta el cojín de sastre o el extremo del planchamangas.

Para obtener una manga recta sin arrugas, la línea de costura de la copa de la manga debe ser de 2.5 a 3.8 cm (1" a 1½") más grande que la línea de costura de la sisa. Puesto que la copa de la manga se aplana fácilmente mientras frota la pieza, tal vez sea necesario agregar amplitud elevando la línea de costura del hombro con una curva uniforme, desvaneciéndola al alcanzar la línea de costura en el área de la muesca.

Cómo calcar una manga frotándola

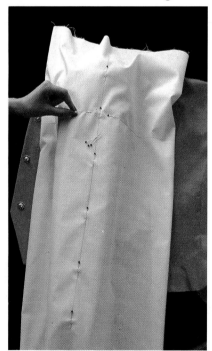

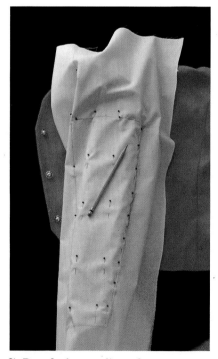

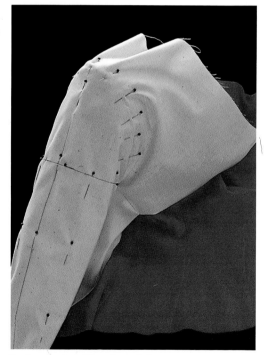

1) Señale el hilo de la tela a lo largo de la manga de la prenda y en la muselina y marcando el hilo transversal en el hombro de ambas partes. Trabajando sobre un planchamangas, case las marcas del hilo de la tela en la manga de la prenda y en la manta.

2) Prenda la muselina a la manga, colocando hileras de alfileres a 5 a 7.5 cm (2" ó 3") uno de otro, mientras mantiene lisas la muselina y la manga, sin prender el área del hombro. Frote las costuras de la manga así como la orilla inferior.

3) Acomode el hombro de la manga sobre el brazo de sastre o el extremo del planchamangas. Acomode la muselina dándole forma para dar la holgura necesaria a la muselina y prenda en su lugar.

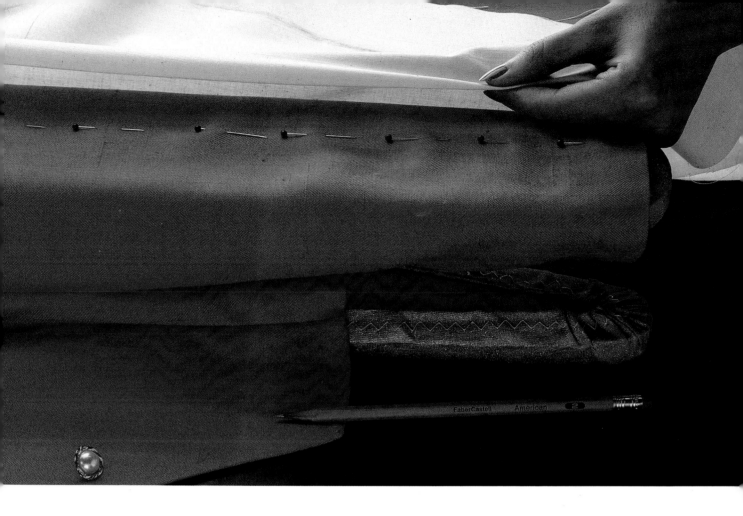

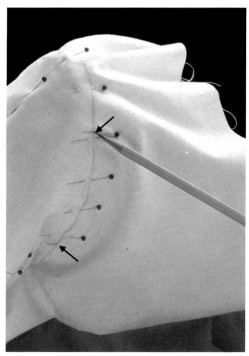

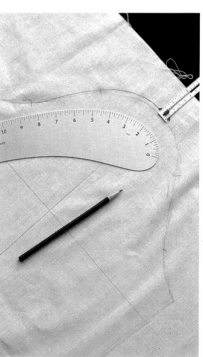

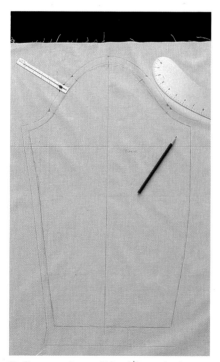

4) Frote la línea de costura del hombro, señalando las muescas para que correspondan con las costuras y áreas de muescas (flechas). Quite los alfileres y muselina.

5) Compare las medidas de la sisa y línea de costura del hombro. Si necesita más holgura, eleve el hombro de la manga. Por cada 6 mm ($^1/_4$") que necesite elevar el hombro de la manga, añada 1.3 cm ($^1/_2$") de holgura entre las muescas.

6) Compare las medidas del patrón de muselina con las de la manga y haga los ajustes necesarios. Repase las costuras. Agregue las pestañas para costuras y dobladillos. Identifique el patrón de muselina.

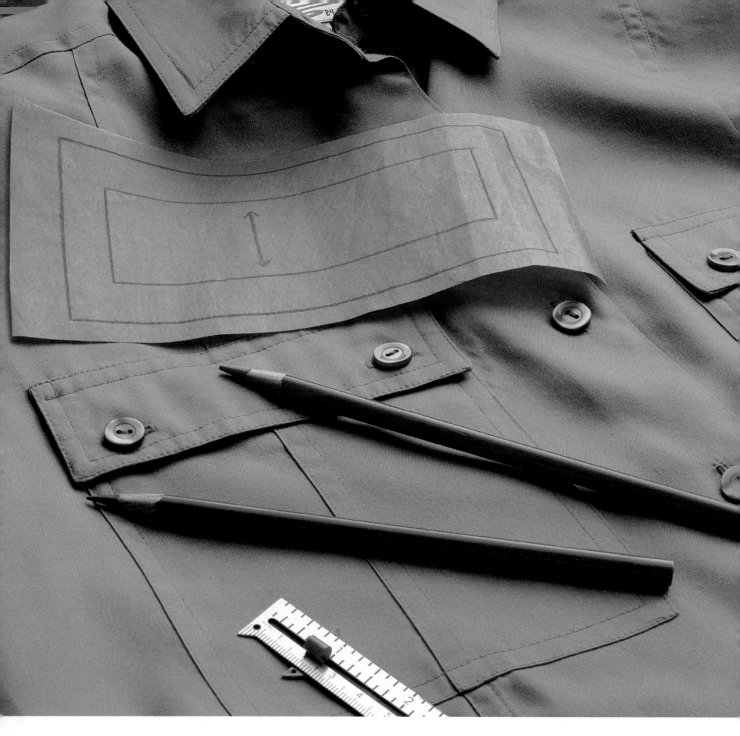

Cómo copiar otros detalles

Al copiar piezas rectangulares como pretinas, puños y aletillas para los bolsillos, resulta más fácil medirlos que frotarlos, dibujando los nuevos patrones en el papel de acuerdo con las medidas necesarias. Esto también le permite mejorar el contorno de la prenda, ya que las orillas de la prenda ya confeccionada no siempre están perfectamente rectas.

Cuando copie áreas con forma especial, señale y marque tanto el hilo longitudinal como el transversal de la tela en la prenda y en la muselina. Si se trata de un área con cinta elástica, estírela hasta que la prenda quede plana y lisa para después frotar cada pieza de la prenda.

En ocasiones resulta más fácil doblar la prenda por la mitad por el centro trasero o el centro del frente si es que la pieza de la prenda se va a cortar sobre el doblez.

Cuando las piezas de la prenda tienen pinzas o costuras plegadas o desvanecidas no se pueden dejar planas, por lo que se utilizan técnicas especiales para copiarlas.

La forma y tamaño exactos de las pinzas se pueden copiar utilizando la técnica de frotación, aunque se hayan recortado las pinzas. Para copiar las pinzas se utiliza el mismo método que para copiar las alforzas con forma, como las de un canesú o una pretina.

Cómo copiar las piezas rectangulares de una prenda

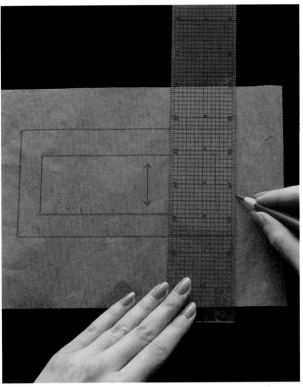

1) Mida el largo y ancho del detalle de la prenda que vaya a copiar.

2) Trace el patrón siguiendo las medidas que tomó. Señale el hilo de la tela en el patrón de modo que corresponda al de la prenda. Aumente las pestañas de costura.

Cómo copiar las áreas con resorte de una prenda

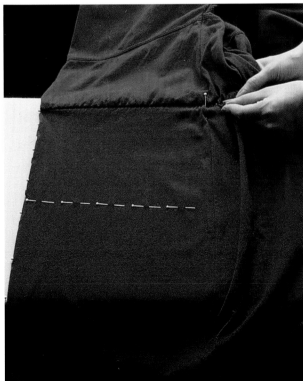

1) Señale el hilo de la tela tanto en la prenda como en la muselina. Estire el resorte hasta que la prenda quede lisa y prenda a una superficie acojinada.

2) Prenda la muselina a la prenda, casando el hilo de la tela en ambas. Frote y repase las líneas de costura. Aumente las pestañas para costura.

Cómo calcar una pieza con pinza frotando la prenda

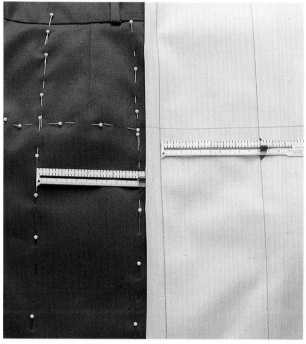

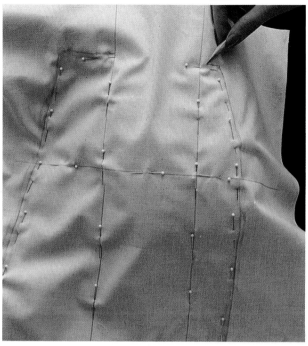

1) Señale el hilo de la tela a lo largo, a cada lado de la pinza. Si hay más de una pinza, señale también el hilo longitudinal de la tela entre las pinzas. Marque el hilo transversal en el extremo de las pinzas. Señale el hilo de la tela tanto en la muselina como en la prenda, con hileras longitudinales de alfileres equidistantes tanto en la prenda como en la muselina.

2) Case el hilo de la tela en la prenda y en la muselina. Frote la línea de las costuras sobre una almohadilla de sastre, excepto por el área de las pinzas entre las hileras que señalen el hilo de la tela.

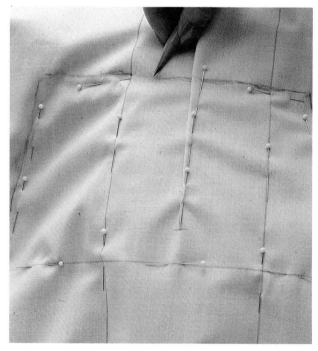

3) Alise la tela estirándola de la línea de alfileres que marcan el hilo de la tela hacia la pinza, un lado a la vez, frotando por las líneas de costura de la pinza y señalando la punta de ésta.

4) Prenda la pinza a lo largo de las líneas de costura, doblando la pinza ya sea hacia el centro o hacia abajo. Cerciórese de que la muselina queda lisa sobre la prenda. Frote el resto de la línea de costura y quite la prenda de la almohadilla de sastre.

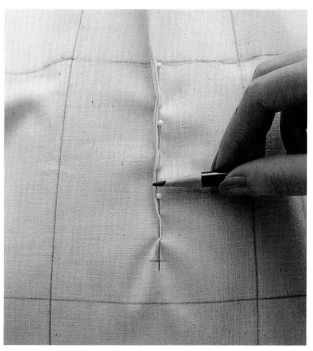

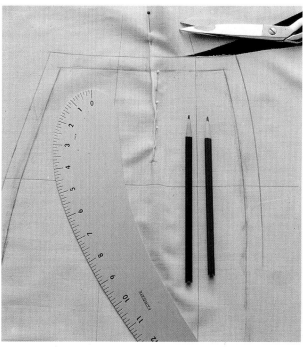

5) Dibuje la línea de doblez en el centro de la pinza. Repase las líneas de costura con el lápiz para que la pinza le quede simétrica.

6) Repase con el lápiz las líneas de costura. Aumente las pestañas de costura y recorte la muselina por las líneas de corte, prendiendo la pinza en su sitio.

Cómo copiar los pliegues de una prenda

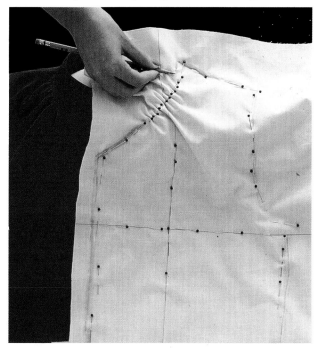

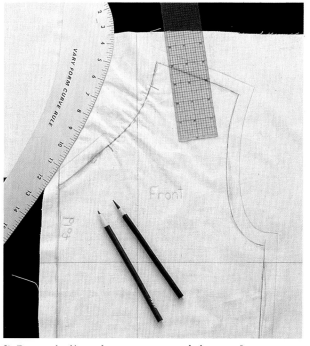

1) Señale y case las líneas del hilo de la tela en la prenda y en la muselina. Alise y prenda la muselina hasta el área plegada. Apóyese sobre una almohadilla de sastre para formar los pliegues o dar la amplitud necesaria en la muselina para que quede igual a los de la prenda. Prenda con alfileres y frote. Señale el área que se va a plegar o dar más amplitud.

2) Repase las líneas de costura, agregando las pestañas y muescas que indiquen el área que va a plegar.

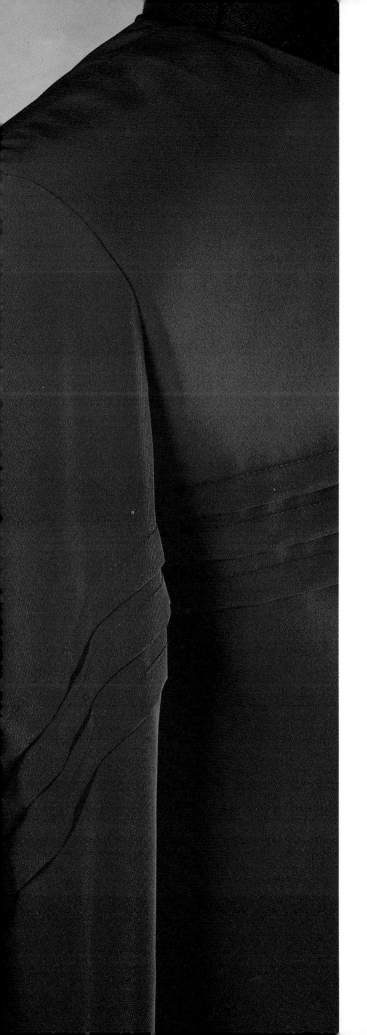

Cómo cambiar detalles de diseño

Algunos detalles que se ven en las prendas comerciales son fáciles de copiar. Los detalles de diseño se adaptan a un patrón básico con el fin de modificar su aspecto. Las alforzas y las bandas simuladas al frente son dos detalles que pueden agregarse con facilidad a una prenda.

Alforzas

Una manera fácil de confeccionar una prenda con alforzas es coser las alforzas en la tela antes de cortar las piezas. Piense dónde va a querer las alforzas en la pieza del patrón. El ancho y espacio entre una y otra alforza puede variar, pero las que tienen 1.3 cm (½") de ancho y se colocan a 1.3 cm (½") una de otra, resultan adecuadas para muchos estilos.

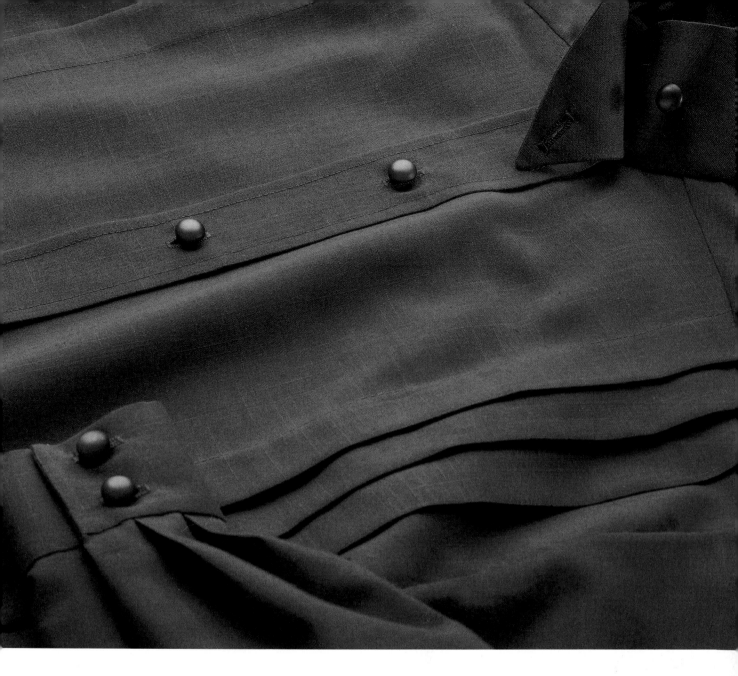

Se pueden agregar alforzas a toda una pieza del patrón, o colocar sólo unas cuantas en la prenda.

Corte una pieza de tela para cada parte de la prenda, dejando suficiente material para coser las alforzas. Puesto que las alforzas requieren tela adicional, necesitará un largo diferente de tela cuando las haga.

Para que las puntadas se cosan y se planchen con facilidad, hay que coser las alforzas al hilo de la tela. Cuando se trata de alforzas diagonales, cósalas al hilo de la tela y coloque la pieza del patrón para cortarla al bies (página 91).

No es necesario señalar todas las líneas de las puntadas para coser las alforzas. Resulta más fácil y exacto señalar las líneas de los dobleces únicamente y coser el ancho de las alforzas utilizando el accesorio de su máquina de coser o una guía en la misma en lugar de marcar la línea de costura.

Bandas simuladas al frente

Una banda simulada al frente da la impresión de estar sobrepuesta en un vestido o blusa, pero resulta más fácil que cortar y aplicar una pieza separada. El procedimiento que aparece en la página 51 permite agregar una estretela del mismo material, así como una vista y banda al frente, cubriendo la orilla cortada.

Seleccione un patrón que tenga un cuello que llegue hasta la orilla del frente de la prenda o se extienda más allá de ésta. La orilla superior de la banda puede entonces acabarse cosiendo el cuello sobre la banda con punto deslizado.

La banda simulada al frente se añade al lado que lleva los botones en la prenda, derecho para las mujeres e izquierdo para los hombres. El molde de la vista no se utiliza, o se recorta el material que correspondería a la vista a partir de la línea de doblez en el patrón.

Para determinar el ancho de la banda simulada, mida la pieza del patrón desde la línea del centro al frente hasta la línea de doblez de la vista, o hasta la costura del frente. El ancho de la banda será el doble de esta medida.

Cómo agregar alforzas

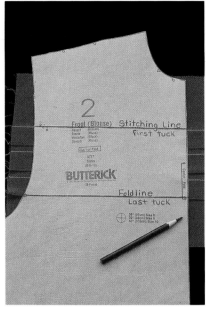

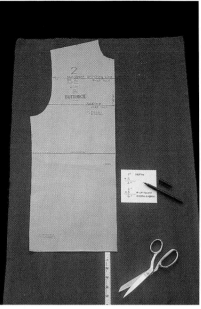

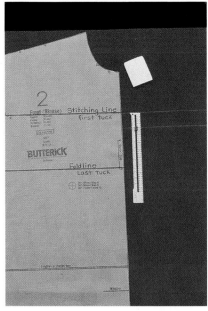

1) Piense dónde quiere las alforzas, determinando el número, ancho y espacio entre una y otra. Haga una muestra. Señale aproximadamente la línea de costura de la primera alforza y la línea aproximada del doblez de la última alforza en la pieza de su patrón.

2) Calcule la cantidad adicional de tela que necesita para coser las alforzas, multiplicando por dos el ancho de cada alforza, por el número de alforzas que hará. Corte un trozo de tela del largo suficiente para la pieza de la prenda, con la cantidad adicional necesaria para las alforzas.

3) Mida desde la orilla de la pieza del patrón hasta la primera línea de costura de las alforzas y señale la línea de costura en la tela midiéndola desde la orilla de la misma, con una greda. Señale la línea del doblez de la primera alforza y el ancho de la misma.

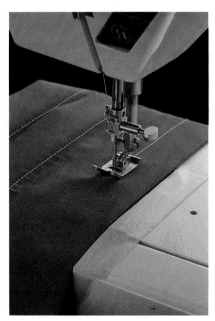

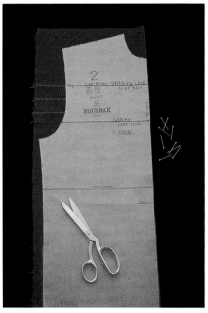

4) Haga un corte en las líneas de costura y planche para señalar las líneas de los dobleces. El espacio entre las líneas del doblez es el doble del ancho de la alforza más el espacio entre las líneas de costura. Planche cada doblez con la punta de la plancha, dejando lo que ya planchó hacia arriba.

5) Acomode la guía de costura al ancho de la alforza hacia la aguja, pegando una tira de masking tape en la máquina. Haga las alforzas con puntada corta, colocando el doblez en la guía de costura.

6) Planche las alforzas en la dirección deseada. Coloque el patrón sobre la tela ya alforzada casando las líneas que señaló inicialmente. Corte la tela y confeccione la prenda siguiendo las instrucciones del patrón.

Cómo agregar una banda simulada al frente

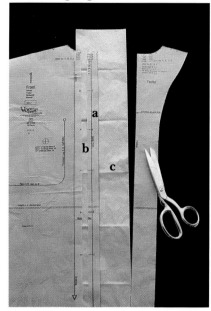

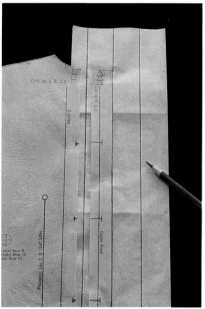

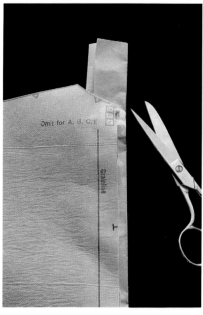

1) Corte el patrón sobre la línea de doblez de la vista, descartando el patrón de la vista. Determine el ancho de la banda (página 49). Haga un corte en el patrón del ancho de la banda menos 6 mm (¼") desde la línea de doblez de la vista o de la costura del frente **(a)**. Sujete el papel bajo el molde y acomode el patrón a 1.3 cm (½") del corte **(b)**. Ponga más papel después de la línea del doblez de la vista o costura del frente, que mida el doble del ancho de la banda **(c)**.

2) Señale la línea del doblez con el ancho de la banda, alejándose de la orilla del frente. Señale el segundo doblez en la línea de doblez original de la vista o en la línea de costura del frente de la pieza del patrón. Señale la tercer línea del doblez para la alforza a través del centro del papel, donde cortó.

3) Doble el patrón por las líneas del doblez, prendiendo hacia afuera la alforza. Recorte el papel para que tenga la misma línea del escote.

4) Modifique las marcas para los ojales horizontales y póngalos verticales. Corte el lado de los ojales de la prenda del nuevo patrón. Doble hacia afuera la alforza, voltee el patrón y corte el lado de botones de la prenda. Señale las líneas del doblez en ambas piezas.

5) Doble y planche el lado de los ojales de la prenda, juntando el revés de ambas piezas, por la primer línea de doblez. Doble y planche otra vez por la segunda y tercer línea de doblez. Doble y planche el lado de los botones de la prenda, uniendo los lados del revés por ambas líneas de doblez.

6) Haga la alforza por el lado de los ojales de la prenda, cosiendo todas las capas a 6 mm (¼") de la tercer línea de doblez, con la banda hacia arriba. Cosa en ambas secciones del frente a 6 mm (¼") de la orilla del frente, tomando con el pespunte todas las capas de tela.

Secretos del oficio

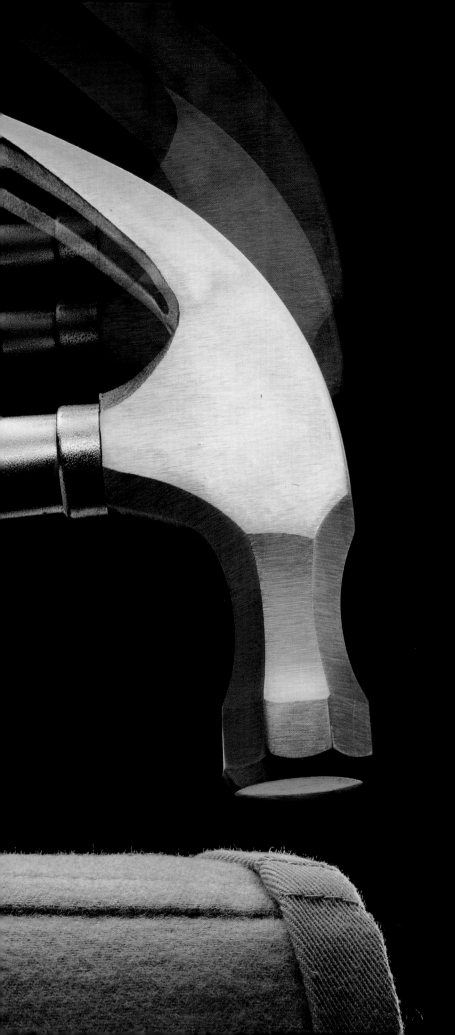

Sugerencias para el sobrepespunte

Con frecuencia el sobrepespunte es el detalle principal de una prenda terminada. Una o varias hileras de sobrepespunte agregan un toque profesional o acentúan un diseño especial.

Para lograr un sobrepespunte recto, utilice papel. Si aplica ligeramente un rocío adhesivo o cemento para hule sobre el papel, aumentará la fricción entre la tela y el papel.

A veces es difícil hacer un sobrepespunte alrededor de las esquinas en cuellos, puños o pretinas. Si deja unas cuantas puntadas libres al principio de la costura, éstas le ayudarán a que la esquina se deslice con facilidad por la máquina.

Una calza de cartón o de tela le ayuda a elevar el prensatelas cuando empieza a hacer el sobrepespunte en la orilla de la tela o cuando cose sobre costuras gruesas que se entrecruzan. Utilice una o más capas de tela o cartón hasta alcanzar el grueso deseado.

Si no tiene hilo para sobrepespunte del color que desea, ensarte la aguja que lo va a hacer, con dos hebras de hilo de un color que combine o se pierda en la tela. Es muy probable que en este caso tenga que ajustar la tensión para hacer el sobrepespunte.

Practique en la misma tela, empleando un número de capas igual al grueso que va a coser en la prenda, utilizando la misma entretela. Empiece siempre la costura con un carretel lleno de hilo para evitar que se le acabe mientras hace el sobrepespunte.

Aplane las costuras gruesas. Utilice un martillo para aplanar las pestañas de costura antes de hacer el sobrepespunte siempre que cosa telas gruesas o pesadas.

Cómo utilizar papel para el sobrepespunte recto

1) Aplique una capa delgada de rocío adhesivo o cemento para hule en un lado del papel y déjelo secar. Acomode el lado que trató hacia abajo en la tela.

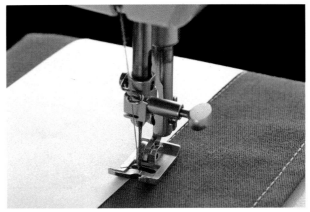

2) Acomode la orilla del papel hasta la línea deseada del sobrepespunte. Al coser, el papel quedará bajo el prensatelas y la aguja seguirá por la orilla del papel.

Cómo utilizar una guía de hilo para el sobrepespunte en las esquinas

1) Atraviese una puntada en la esquina de la tela, a mano o a máquina, dejando sobrantes largos de hilo en la tela.

2) Lleve el sobrepespunte hasta la esquina. Levante el prensatelas, dejando la aguja en la tela y gire. Baje el prensatelas y sujete los hilos que cosió anteriormente mientras sigue cosiendo.

Cómo utilizar una calza para el sobrepespunte

Cómo iniciar una costura. Coloque la calza bajo la parte trasera del prensatelas para nivelarlo. Comience el sobrepespunte en la orilla de la tela.

Cómo cruzar una costura gruesa. 1) Cosa hasta acercarse a la costura gruesa y el frente del prensatelas empiece a levantarse. Acomode la calza detrás del prensatelas para nivelarlo.

2) Cosa sobre la parte gruesa de la costura hasta que el extremo anterior del prensatelas empiece a inclinarse hacia abajo; coloque entonces la calza frente a la costura para nivelar el prensatelas. Cosa hasta que el prensatelas esté completamente sobre la calza. Quítela y siga cosiendo.

Costura inglesa fácil

La costura inglesa se utiliza frecuentemente en ropa para deporte, aunque también se emplea en otras clases de ropa. Se emplea también para adornar, así como para mayor durabilidad.

El método fácil que aquí se muestra, elimina los recortes necesarios de la costura inglesa tradicional, aunque los resultados son básicamente los mismos. Es importante utilizar toda la pestaña de 1.5 cm (⁵/₈") para que la prenda terminada sea del tamaño correcto y las secciones adyacentes casen bien.

Cómo hacer costura inglesa sin recortar

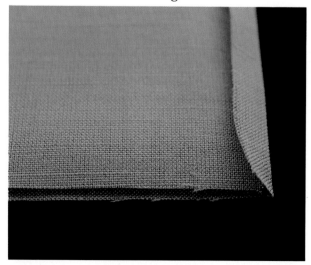

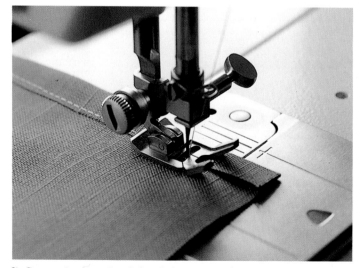

1) Doble hacia el revés la pestaña de costura de 1 cm (³/₈") en una parte de la prenda y planche. Coloque la parte de la prenda que corresponda a ésta con la orilla cortada sobre la línea del doblez, de modo que las secciones queden juntas por el revés.

2) Cosa uniendo ambos lados de la prenda a 7.5 mm (⁵/₁₆") del doblez.

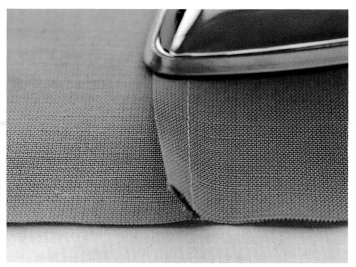

3) Acomode la prenda plana, con el derecho hacia arriba. Doble y planche la pestaña de costura, a manera de cubrir la orilla cortada.

4) Cosa a lo largo de la línea del doblez, pasando el pespunte por todas las capas, dejando las hileras de puntadas a 7.5 mm (5/16") de distancia una de otra.

Aletillas de tira

Una aletilla de tira se usa generalmente en los puños de las camisas hechas en serie. Las blusas de manga larga y chaquetas ligeras se pueden confeccionar también con aletillas de tira. También se puede emplear en el frente del escote de una camisa cerrada.

La aletilla de tira se confecciona con una tira rectangular de tela y se cose sin necesidad de utilizar un patrón. Mida con cuidado y planche con atención para practicar este procedimiento que le ahorra tiempo.

Cómo coser una aletilla sencilla con tira

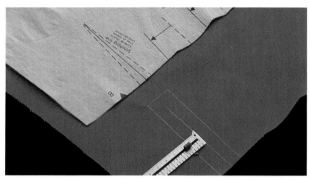

1) Señale la posición de la aletilla en la prenda, siguiendo el patrón. Señale las líneas de costura a 1.3 cm (½") a cada lado de la línea de la aletilla y a 1.3 cm (½") por encima de la línea de la aletilla.

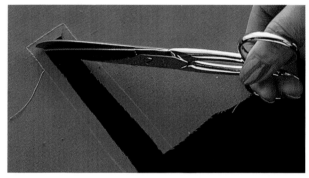

2) Haga unas puntadas de refuerzo al final del extremo de la abertura, rodeando las esquinas. Recorte el centro de la abertura, dejando pestañas de 6 mm (¼") y haga cortes en las esquinas.

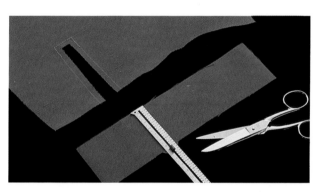

3) Corte una tira de tela al hilo de la tela, que tenga 6.5 cm (2½") de ancho y del largo de la línea de puntadas, más 2.5 cm (1").

4) Planche la tira de tela por la mitad a lo largo, *revés* con *revés*. En una de las orillas largas de la tira, planche hacia abajo 6 mm (¼") y por el otro lado, planche hacia adentro ligeramente menos de 6 mm (¼").

5) Acomode las orillas dobladas de la tela alrededor de las orillas de la aletilla, dejando el lado angosto de la tira ligeramente traslapado sobre las puntadas de refuerzo por el derecho de la tela. Haga un pespunte a través de todas las capas, jalando la tira a que quede recta.

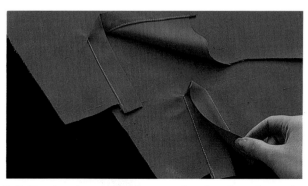

6) Doble el traslape en ángulo recto sobre el traslape, formando una punta en la parte superior. Haga un pespunte en la orilla alrededor de la punta, bajando 2.5 cm (1") por los lados y a través de la aletilla para formar el inglete. Recorte las orillas sobrantes y cosa el puño.

Fruncido rápido

En una prenda ligera son atractivas y cómodas las costuras con varias hileras de resorte. Pliegue los puños, pretina, corpiño o la parte superior de una falda para darle un toque decorativo.

Los hilos elásticos, cuando se sostienen en su lugar con puntadas de zigzag por el revés de la tela y se ajustan a la amplitud deseada, se pueden aprovechar como parte del diseño de la prenda.

Cómo plegar con hilo elástico

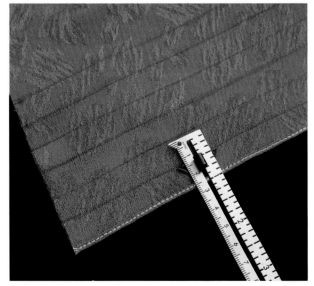

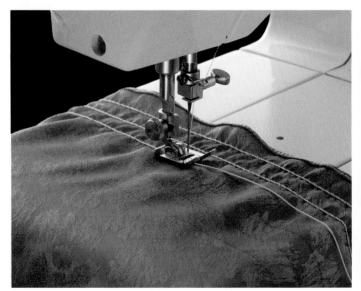

1) Deje una costura abierta en el área que va a plegar, señalando las hileras que va a plegar por el revés de la tela ya sea con una greda o con una pluma con tinta soluble al agua. Las hileras de costura deben quedar entre 1.3 a 2 cm (¹/₂" y ³/₄").

2) Coloque el hilo de resorte sobre la línea marcada. Ajuste la máquina para puntada de zigzag del ancho necesario para coser sobre el resorte. Sin estirar el resorte ni traspasarlo con las puntadas, cosa con zigzag sobre el resorte en todas las líneas marcadas, dejando sobrantes largos de resorte en ambos lados.

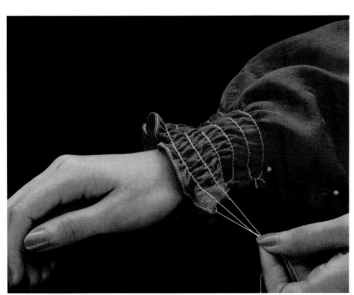

3) Prenda la línea de costura y pruébese la prenda, con el revés hacia afuera. Jale los extremos sobrantes del resorte, dos hileras a la vez para mantener parejo el fruncido. Haga nudos en los extremos de las hileras y corte los sobrantes.

4) Haga la costura, utilizando puntadas cortas y rectas, jalando los nudos del hilo elástico hacia afuera del prensatelas. Refuerce la costura haciendo otra línea de pespunte sobre los hilos elásticos y haga el acabado en las orillas de las pestañas.

Pretinas cómodas

Se puede hacer una pretina cómoda para pantalones o faldas, al sustituir la entretela por cinta elástica que no se enrolle. Esto no hará que la pretina sea elástica, sólo la hace
cómoda ya que ajusta sin apretar. La cinta de resorte impide que la pretina se doble, de modo que siempre estará cómoda y viéndose bien.

Para que este procedimiento tenga un buen resultado,
hay que incluir la tolerancia que indica el patrón agregando de 1.3 a 2.5 cm (½" a 1") para mayor comodidad.

Utilice una cinta de resorte que mida el ancho de la pretina terminada y ligeramente más corta que el largo de la
pretina terminada, fijando el resorte en los extremos al hacer la costura final.

Cómo hacer una pretina con resorte que no se enrolla

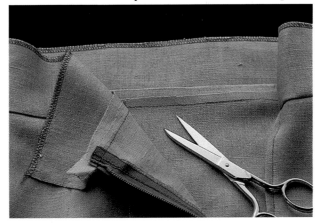

1) Recorte 6 mm (¹/₄") de una de las orillas largas de la pretina y haga zigzag en la orilla para el acabado, o cosa una de las orillas largas con overlock recortando 6 mm (¹/₄") con las cuchillas. Una la pretina a la prenda poniendo las orillas cortadas parejas, derecho con derecho. Desvanezca las pestañas y planche hacia la pretina.

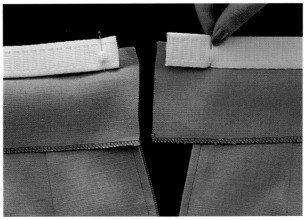

2) Corte el resorte de 1.3 a 2.5 cm (¹/₂" a 1") más corto que la medida de la pretina terminada. Coloque la orilla del resorte por el revés de la tela, sobre la pestaña de costura de la pretina, junto a las puntadas. Junte los extremos del resorte con las líneas de costura en los extremos de la pretina y sujete los extremos con alfileres.

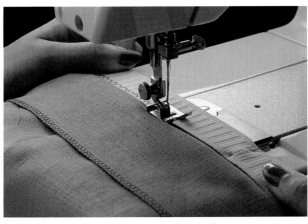

3) Prenda el resorte a las pestañas, estirando ligeramente para que se estire hasta la medida de la pretina. Haga zigzag a lo largo de la orilla inferior del resorte, cosiendo sobre el resorte y las pestañas de costura.

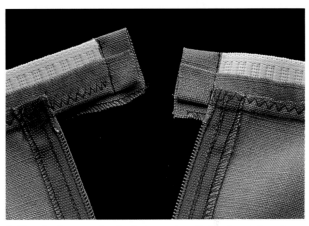

4) Planche las pestañas hacia la pretina. Doble la pretina, derecho con derecho, a la altura de la orilla superior del resorte. Cosa los extremos de la pretina sin pasar por los extremos del resorte. Recorte las esquinas y desvanezca las pestañas para puntadas.

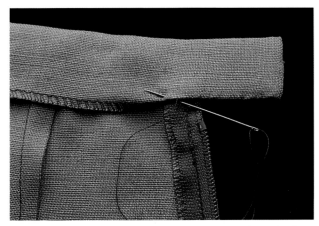

5) Voltee la pretina con el derecho hacia afuera, cubriendo el resorte, planche. Doble la pestaña hacia adentro por la parte inferior de la pretina y cosa con punto deslizado.

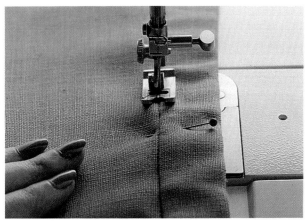

6) Cosa en el espacio que quedó entre la pretina y la prenda por el derecho de ésta, sujetando la pestaña extendida en el interior de la pretina. Fije un broche de gancho y presilla en los extremos de la pretina, sujetando los extremos del resorte al coserlo.

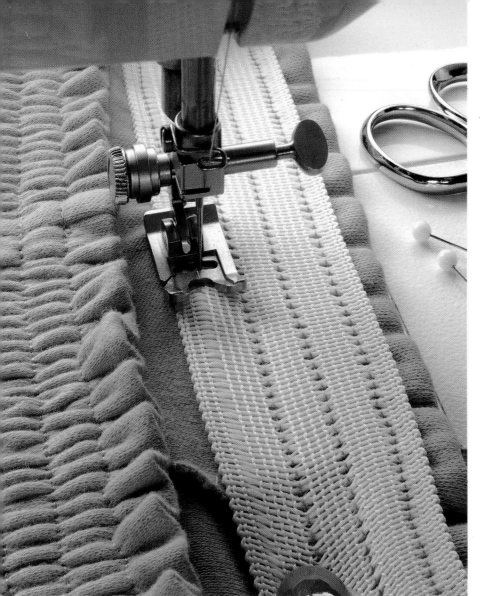

Resorte para ropa deportiva

En las faldas o pantalones se pueden hacer hileras múltiples de pespuntes en las pretinas, para que adquieran el acabado de ropa comercial. Las personas que cosen en casa pueden comprar el mismo tipo de resorte para ropa deportiva que quienes lo hacen en forma comercial.

El resorte para prendas deportivas se aplica cosiendo a través de varias hileras sin resorte. Esto impide que se perforen los hilos elásticos con la aguja, lo cual debilitaría el resorte. Las hileras que tiene el resorte también proporcionan una guía para coser derecho.

El resorte para ropa deportiva es más suave y ligero que la mayoría de resortes y resulta especialmente cómodo y adecuado para este tipo de ropa. Puesto que se estira más que el resorte común cuando se aplica, posiblemente es mejor confeccionar una pretina de prueba, utilizando la tela de la prenda para ver cuánto estira y cómo regresa a la medida original. Tome nota del largo del resorte con que inicia la costura, para referencia futura.

Cómo aplicar resorte para ropa deportiva

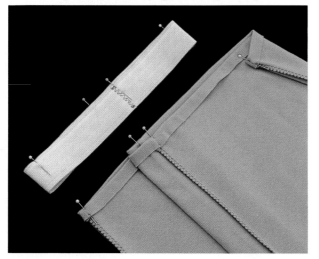

1) Corte el resorte de 7.5 a 12.5 cm (3" a 5") más corto que la medida de la cintura. Traslape los extremos uniéndolos con zigzag. Por la orilla superior de la prenda, doble 1.3 cm (½") hacia el interior de la misma. Divida el resorte y la cintura de la prenda en cuatro partes, señalándolas con alfileres.

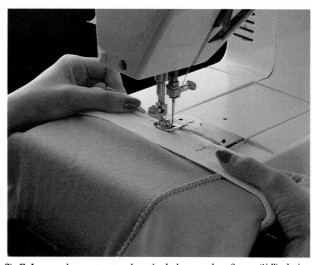

2) Coloque el resorte por el revés de la prenda a 6 mm (¼") abajo del doblez, casando las marcas y prenda con alfileres. Estire y cosa por las hileras sin elástico, utilizando de 8 a 10 puntadas por cada 2.5 cm (1").

Resorte transparente

El resorte transparente se fabrica con poliuretano 100% que se estira al triple de su largo original. Es suave y ligero con aspecto opaco y es adecuado para telas ligeras o semiligeras. Se puede utilizar para las aberturas elásticas de los trajes de baño porque resiste bien el cloro. También se utiliza como refuerzo en los tejidos de punto pesados y se cose en las costuras para evitar que al estirarse se deformen y a la vez proporciona elasticidad.

Una vez que haya cosido el resorte transparente, no vuelva a utilizarlo ya que se debilita con demasiados agujeros de las costuras.

Cómo aplicar resorte transparente

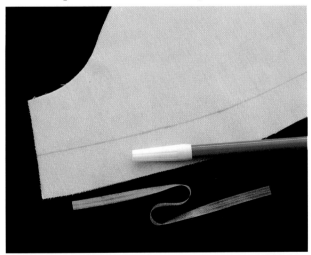

1) Corte el resorte de un largo que le resulte cómodo, agregando material para el traslape. Por el revés de la prenda, señale la línea de costura.

2) Divida la prenda y el resorte en cuatro partes, marcándolas. Junte las marcas y cosa el resorte a la prenda utilizando una máquina convencional con puntada recta o de zigzag, estirándolo para que ajuste.

Cierres de ajuste perfecto en telas elásticas

En las prendas ajustadas, confeccionadas en telas elásticas en dos direcciones, se colocan los cierres de manera que queden visibles. Con frecuencia se utilizan cierres para adornar ropa para esquiar o trajes de patinaje con escotes altos y ajustados. Al utilizar este procedimiento, el cierre no aprieta ni frunce el área donde se coloca, ya que la tela se estira para que ajuste antes de colocar el cierre.

Para esta forma de colocar cierres, puede utilizar un patrón que tenga pestañas de 6 mm (¹⁄₄") ó 1.5 cm (⁵⁄₈") para el cierre.

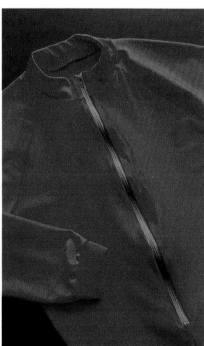

La prenda se ondula en el área del cierre cuando no está puesta, pero ajusta perfectamente cuando se usa.

Cómo coser un cierre en tela elástica en dos direcciones

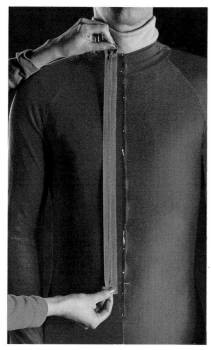

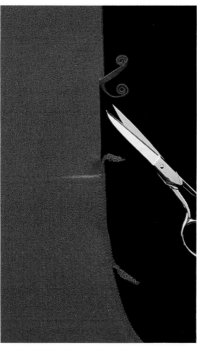

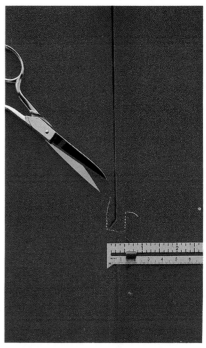

1) Pruebe la prenda cerrando la abertura del cierre con alfileres. Presente el cierre en la costura y señale la colocación del cierre en la parte superior e inferior del mismo.

2) Quite la prenda y ajuste la puntada de la costura de la entrepierna a 6 mm (¼") sobre la marca inferior. Recorte las pestañas de costura de las aberturas del cierre.

3) Señale 1.3 cm (½") en la parte inferior de donde va a colocar el cierre y 6 mm (¼") de las orillas de la abertura y cosa. Corte diagonalmente hasta las esquinas, sin atravesar las puntadas.

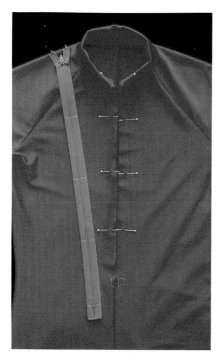

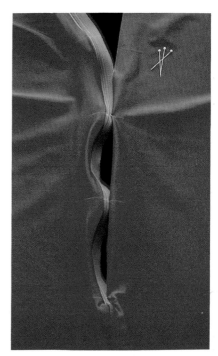

4) Divida el cierre en cuatro partes y señálelas. Divida la abertura para el cierre en cuatro y señale las divisiones.

5) Doble la parte inferior de la prenda hacia arriba, dejando a la vista el triángulo que cortó. Coloque el cierre bajo la prenda con el derecho hacia arriba, de manera que la línea de puntadas en la prenda quede justo bajo el final del cierre. Haga dos hileras de costuras a través del triángulo exactamente sobre las puntadas para fijar el cierre.

6) Prenda la cinta del cierre a una orilla de la abertura del cierre, casando las marcas derecho con derecho y con las orillas parejas. Haga una costura de 6 mm (¼") estirando la tela entre las marcas. Repita todo para la otra orilla de la abertura del cierre y termine la prenda.

Cierres traslapados y vistas

Una forma común de abrochar las prendas es utilizando cierres. Para colocar estos cierres se utiliza costura a máquina, en lugar de costura a mano para coser las vistas cuidadosamente y sin que abulten.

Los cierres traslapados siempre deben usarse en las costuras laterales, aunque también pueden ir en el trasero, pero centrados.

En las explicaciones que se dan a continuación, cuando se menciona lado derecho o izquierdo, se refieren al lado derecho o izquierdo de la prenda, conforme se vaya a usar la misma.

Cómo coser un cierre traslapado con vista

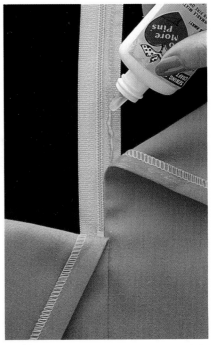

1) Recorte 1.3 cm (¹/₂") de la orilla de la vista derecha en la abertura del cierre, recortando a 2 cm (³/₄") de la orilla de la vista izquierda. Coloque la entretela y haga las costuras de las vistas. Acabe la orilla inferior.

2) Mida el cierre desde el tope inferior hasta el tope superior, agregando 2.5 cm (1"). Señale la posición del tope inferior en la pestaña de costura. Haga la costura hasta la señal. Planche la pestaña de la costura derecha hacia abajo 1.3 cm (¹/₂"); planche la pestaña de la costura izquierda hacia abajo 1.5 cm (⁵/₈").

3) Hilvane con pegamento la pestaña de la costura derecha al cierre cerrado, colocando el tope inferior en la marca y doblando junto a los dientes del cierre, trabajando por el derecho de la prenda.

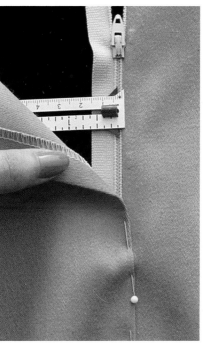

4) Cosa junto a los dientes del cierre a través de la pestaña de la costura derecha utilizando un pie para coser cierres. Conforme se acerque a la parte superior del cierre, abra parcialmente el cierre levantando y bajando el prensatelas. Siga cosiendo.

5) Suba la cremallera del cierre. Traslape el lado izquierdo de la prenda apenas 3 mm (1/8") sobre el derecho de la prenda y sujete con alfileres.

6) Hilvane el cierre por el centro de la cinta del mismo abriendo la pestaña de costura, hilvanado desde la parte superior del cierre hasta la inferior. La cinta del cierre se extiende ligeramente más allá de la pestaña de costura.

7) Abra el cierre. Ponga derecho con derecho y deje las orillas cortadas parejas, uniendo los extremos de la vista y las pestañas de costura del cierre, haciendo una costura de 6 mm (1/4").

8) Case y prenda las costuras de la prenda y la vista, derecho con derecho, juntando las orillas cortadas. La cinta del cierre queda plana y los dientes del cierre estarán hacia el doblez. Por el lado inferior de la vista, los cierres ajustan con el doblez. Una la vista a la prenda.

9) Desvanezca las pestañas de costura. Voltee el derecho hacia afuera y planche. El pespunte inferior se hace lo más cerca del cierre que sea posible. Sobrehile el traslape. Cosa el broche de gancho.

Cierre centrado y vistas

En esta manera fácil de aplicar un cierre centrado se emplea el pespunte a máquina para cerrar adecuadamente, eliminando la necesidad de coser a mano las vistas.

Los cierres centrados se utilizan en los escotes con vistas de vestidos y blusas, así como en las pretinas con vista en faldas y pantalones.

Cómo coser un cierre centrado con vista

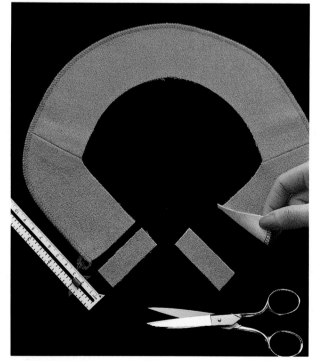

1) Recorte 2 cm (³/₄") del extremo derecho de las vistas y coloque la entretela. Haga las costuras de la vista y acabe la orilla.

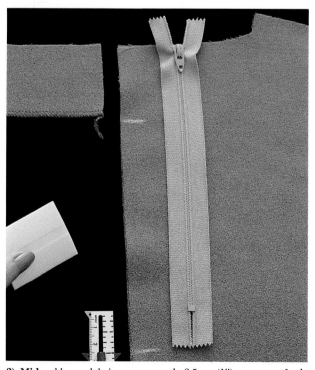

2) Mida el largo del cierre agregando 2.5 cm (1") para pestaña de la costura superior y el broche de gancho. Señale el lugar en que queda la parte inferior del cierre así como el ancho de la vista en la pestaña misma.

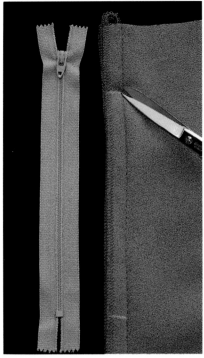

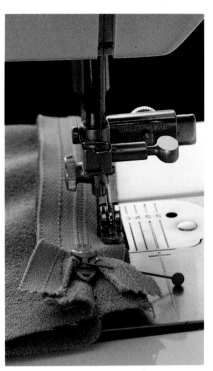

3) Haga la costura hasta la marca inferior del cierre. Hilvane la costura del cierre. Acabe las pestañas. Haga un corte en la marca de la vista y planche la costura abierta.

4) Centre el cierre, con el derecho hacia abajo, colocándolo sobre las pestañas, con el tope inferior sobre la marca. Prenda o hilvane. Hilvane el cierre a máquina a las pestañas de costuras, jalando la parte superior de la cinta del cierre hacia afuera de las pestañas en la parte superior.

5) Quite el hilván en la costura por encima de la marca de la vista. Abra el cierre y cosa los extremos de la vista a la prenda con una costura de 6 mm (¹/₄").

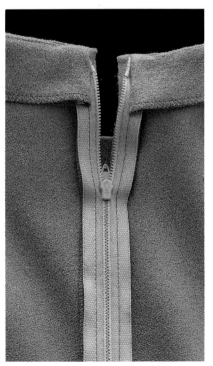

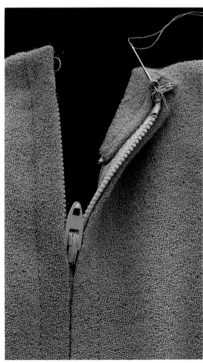

6) Case y prenda las costuras de la prenda y la vista, derecho con derecho, dejando parejas las orillas cortadas. Doble las pestañas de costura hacia la vista y prenda. Haga la costura del cuello.

7) Desvanezca y haga un corte a la costura. Voltee el derecho hacia afuera y planche. Haga un bajo pespunte lo más cerca del cierre que le sea posible.

8) Haga un sobrepespunte en la parte inferior y en un lado del cierre, cosiendo transversalmente después la parte inferior, para subir con la costura de nuevo por el otro lado. Quite el hilván y fije el broche de gancho.

Botones y ojales

En cualquier prenda o labor, elegir los botones es muy importante. Puede lograr un aspecto de ropa hecha a la medida cuando hace botones chinos (páginas 74 y 75) o botones de crisantemo (páginas 116 y 117). Los botones forrados que se muestran en la siguiente página se pueden hacer en diferentes tamaños y formas.

Para determinar la colocación de botones y ojales en una blusa o corpiño, señale el lugar de un ojal en la parte más amplia del busto, espaciando los otros a distancias regulares, partiendo de esta posición. Consulte las indicaciones que se proporcionan a continuación para determinar si los ojales deben ser verticales u horizontales.

Sugerencias para colocar los ojales vertical u horizontalmente

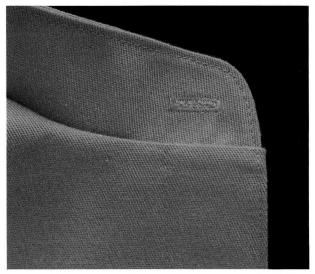

Los ojales verticales funcionan bien en las telas ligeras con botones pequeños. Se usan frecuentemente en las aletillas de las camisas, las bandas del frente de camisas o blusas o aletillas de los bolsillos.

Los ojales horizontales se usan para estabilizar las áreas de tensión, como puños, bandas en el cuello o pretinas. En las chaquetas y abrigos, por lo general se hacen ojales horizontales.

Sugerencias para hacer botones forrados

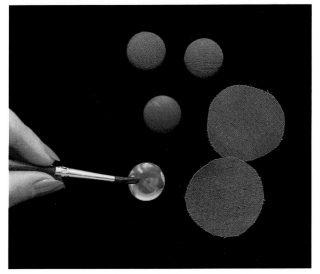

Para impedir que se transparenten los botones cuando use telas transparentes o de tejido abierto, píntelos de un color que armonice con la tela. También puede usar dos capas de tela transparente.

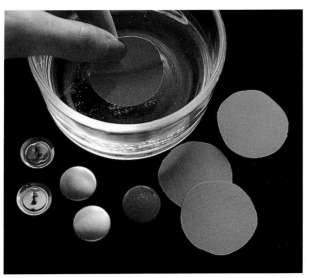

Cuando vaya a forrar botones, moje las telas lavables y estírelas sobre el armazón metálico del botón para que queden bien montados.

Botones chinos

Los botones chinos se pueden usar con ojales, presillas o alamares (páginas 76 y 77).

Para formar los botones se utiliza tubo de bies con relleno de cordón, porque le da cuerpo y se puede formar bien. Los botones chinos se pueden hacer con uno o más cordones de tubo al bies. Para lograr nudos suaves, seleccione telas ligeras.

Un botón de 2 cm ($^3/_4$") se hace con dos tubos de bies acordonado de 3 mm ($^1/_8$") de largo. Un sólo tubo forma un botón de 1.3 cm ($^1/_2$"). Para hacer el tubo necesita dos largos de 61 cm (24") de cordón de 2.4 mm ($^3/_{32}$") y dos tiras de bies de 2.5 × 30.5 cm (1" × 12") de tela ligera.

Cómo forrar cordón con tubo de bies

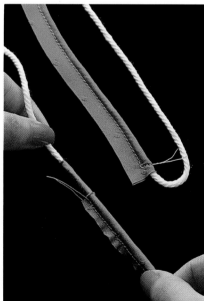

Doble la tira de bies alrededor del cordón, derecho con derecho, con las orillas cortadas juntas. Cosa a lo largo del cordón con puntada no muy apretada utilizando un prensatelas para cierres. A la mitad del largo del cordón, cosa a través de la tira y el cordón mismo, recortando las pestañas. Deslice la tira sobre el cordón que queda sin forrar, volteando el derecho hacia afuera. Corte la punta cosida de la tela y el cordón sobrante.

Cómo hacer botones chinos de bola

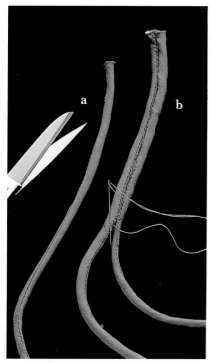

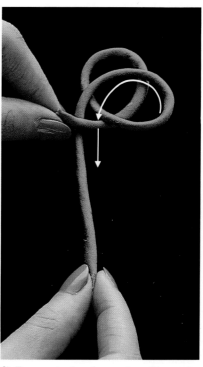

1) Prepare el cordón forrado como se indica en la página anterior. Para cada botón de un solo cordón, utilice una pieza de 30.5 cm (12") **(a)**. Si el botón es de dos cordones, utilice dos piezas de 30.5 cm (12") **(b)**, uniéndolas con punto deslizado flojo.

2) Forme una lazada al extremo del tubo, como se muestra (ayuda prender el extremo del cordón forrado a una superficie acolchonada).

3) Forme otra lazada con el cordón, pasándola sobre la primera y bajo el extremo sobrante.

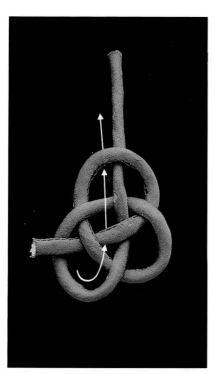

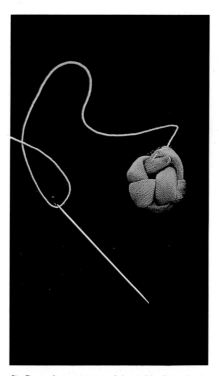

4) Entrelace el extremo suelto del cordón forrado por encima y por abajo de las lazadas anteriores.

5) Jale ambos extremos del cordón, acomodando suavemente el nudo a que forme una bola.

6) Corte los extremos del cordón forrado de manera que se traslapen bajo el botón y cósalos con surjete. Forme un tallo con hilo, cubriéndola con puntada de ojal muy junta.

Alamares

Los alamares se usan frecuentemente con botones chinos, para obtener un aspecto oriental tradicional. Aunque se pueden comprar los alamares ya hechos, no hay gran surtido, así que tal vez desee hacer sus propios alamares.

Los alamares se pueden hacer de trencilla comprada o de tubo de bies acordonado para que armonicen o contrasten con la prenda. La trencilla o cordón se puede arreglar de muy diversas formas para obtener diferentes estilos; la

elección de la tela, diámetro del cordón y tamaño de las lazadas ofrecen mayor variedad.

Para hacer su propio tubo de bies acordonado (página 74), corte una tira de bies para cada parte del alamar de aproximadamente 152.5 cm (60") de largo; si va a hacer el alamar con un botón chino, corte la tira de bies de aproximadamente 183 cm (72") de largo. El largo del tubo de bies que necesite depende del diámetro del tubo en sí.

Cómo hacer alamares

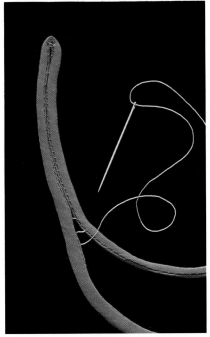

1) Corte las tiras de bies y forre el cordón con tubo de bies como se indica en la página 74. Doble el cordón forrado a la mitad y cosa ambas partes con punto deslizado por el revés. Cuando forme los alamares, trabaje con el derecho del cordón hacia arriba.

2) Con un extremo del cordón forrado, forme una pequeña lazada superior y una inferior grande. Pase el otro extremo alrededor de la lazada pequeña por la parte de atrás de ésta (**a**). Si va a hacer el alamar con botón chino de bola, forme el botón (páginas 74 y 75), comenzando a 10 cm (4") de un extremo del cordón forrado, colocando el botón en la parte superior de la lazada pequeña.

3) Lleve un extremo largo de la lazada al frente y forme otra lazada que se acomode dentro de la lazada inferior grande, siguiendo la dirección de la lazada original.

4) Lleve el extremo largo hacia arriba y alrededor de la lazada superior pequeña, por debajo de la lazada anterior, haciendo pasar el extremo por el frente y formando una lazada que se acomode dentro de las otras lazadas inferiores grandes.

5) Lleve el extremo largo hacia arriba y alrededor de la lazada superior pequeña, por debajo de las lazadas anteriores, haciendo pasar el extremo por el centro de las lazadas inferiores grandes, insertándolo en el centro. Jálelo todo para fijarlo.

6) Ajuste la lazada pequeña al tamaño del botón de bola. Corte los extremos sueltos del cordón cosido y fije lazadas y extremos en su lugar, cosiendo por el revés con punto deslizado.

Presillas para botones

Las presillas para botones son una manera delicada de adornar una prenda. Aunque siempre son funcionales y normalmente son la única manera de resolver el problema de abrochar una prenda cuando no se tiene espacio para el traslape, también son una de las maneras que menos se toma en cuenta de proporcionar un aspecto delicado a la costura.

Las presillas se pueden hacer de hilo para usos generales, hilo crochet o torzal mercerizado. Casi no se notan cuando se hacen con hilo al color de la tela.

Cómo hacer y fijar una presilla tejida a mano

1) Señale la posición de la lazada en la prenda. Anude el hilo para que queden dos hebras e inserte el aguja y pásela por la marca desde el interior de la prenda. Haga una puntada pequeña dejando una lazada de 10 cm (4").

2) Sostenga la lazada abierta con el pulgar y el índice de la mano izquierda, sosteniendo el hilo tenso con el índice y pulgar de la mano derecha.

Cómo hacer a máquina una presilla para botón

1) Haga puntada de zigzag sobre varias hebras de hilo, en máquina convencional. Sostenga las hebras estiradas y deslícelas suavemente por la máquina. También puede hacer la cadeneta final en la máquina de overlock ajustada para puntada de dobladillo enrollado.

2) Con una aguja de tapicería ensartada con la lazada para la presilla del botón. Inserte la aguja desde el revés de la prenda para pasarla de nuevo al revés, dejando la abertura necesaria de puntada, y amarre los extremos por el revés formando un nudo.

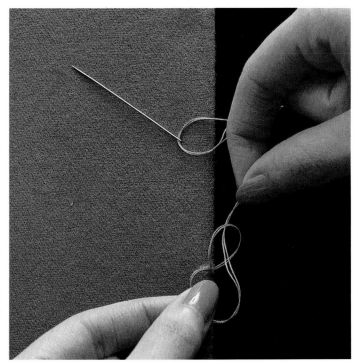

3) Jale el hilo a través de la lazada y estírelo, cerca de la tela, formando una nueva lazada. Repita los pasos 2 y 3 hasta que la presilla para el botón tenga el largo deseado.

4) Jale la aguja y ensarte a través de la última lazada para apretar y asegurar la cadena. Inserte la cadena en la prenda a la distancia deseada de la primera puntada, haciendo pasar el resto del hilo y atando un nudo.

Nuevas formas de colocar broches y botones

Los tallos de metal de los botones desgastan los hilos que los unen a la prenda. Para evitar esto, puede coser el botón enlazando la hembra de un broche de gancho a través del tallo del botón para después coser la hembra a la prenda. Utilice una hembra recta para que el tallo quede del mismo largo. Para las chaquetas y los abrigos gruesos utilice una hembra redondeada.

Para abrochar un área en la que las orillas de la prenda se encuentren sin traslaparse, se puede colgar un broche volado en lugar de cerrar con broche de gancho o de presión. Una mitad del broche volado se coloca en la forma normal, fijando la otra mitad en la orilla de la prenda únicamente por dos de los cuatro agujeros, a fin de que el resto del broche quede volando.

Dos maneras diferentes de usar los broches

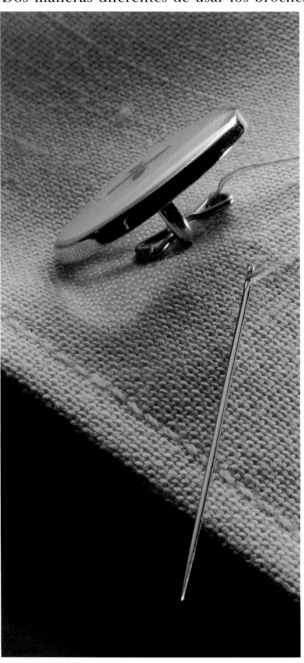

Botones con tallo de metal. Enlace la presilla de un broche de gancho y presilla pasándola por el tallo y cosa la presilla a la prenda.

Broche volado. Cosa la parte que penetra del broche a la vista de un lado de la prenda. Cosa la otra mitad a la otra parte de la prenda, dando varias puntadas a través de dos agujeros.

Cómo reforzar las aberturas y broches al frente en las faldas

Las aberturas y los ojales en la orilla inferior de las faldas rectas se desgarran con frecuencia a menos que se refuerce la prenda. Cuando se trate de faldas con aberturas, cosa la hembra de un broche de gancho poniéndolo por el revés de la prenda, en la parte superior de la abertura, y así evitará que se desgarre la costura. Cuando la prenda se estira, la presilla de metal resiste el tirón.

Para reforzar el botón inferior de una falda que se abrocha al frente, haga una costura a máquina alrededor del ojal inferior a través de ambas piezas en el delantero de la falda, pegando el botón a través de todas las capas. En este caso ya no podrá desabotonarlo, pero la prenda no se desgarrará con ningún tirón.

Dos nuevos modos de reforzar

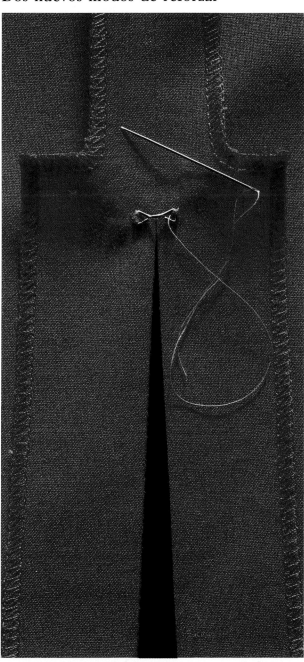

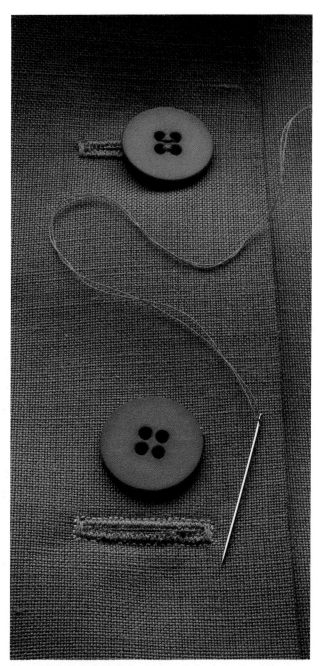

Cómo reforzar una abertura. Cosa la presilla de un broche de gancho por el revés de la prenda, en la parte superior de la abertura de la falda. Las puntadas no se deben ver por el derecho de la prenda.

Cómo reforzar el ojal inferior. Acomode las dos partes de la prenda, abotonando todos los botones menos el inferior. Con puntadas pequeñas, haga una costura recta alrededor de la orilla inferior del ojal, atravesando todas las capas de tela. Pegue el botón.

Técnicas de diseñador

Holanes circulares: un toque muy especial

Los holanes circulares se llaman así por los círculos de tela que se utilizan para confeccionarlos. Por la forma como se cortan y cosen, sin pliegues en las costuras, no resultan voluminosos al unirlos a la prenda.

Los patrones comerciales con esta característica de diseño incluyen una pieza de patrón para el holán, aunque se puede hacer el propio patrón si se quiere agregar un holán circular a otra prenda. Los círculos se pueden dibujar de cualquier medida: un círculo interior más pequeño formará holanes más amplios, mientras que un círculo interior más grande formará holanes menos amplios. El ancho del holán y la distancia entre los círculos interior y exterior, también se pueden adaptar para obtener los más diversos efectos. Es probable que quien cosa desee hacer una pieza de prueba con tela, para abrirlo y ver qué amplitud tiene ya acabado.

Para determinar el número de piezas circulares que hay que cortar para el holán, mida la distancia alrededor de la línea interior de costura del patrón, quitando 1.3 cm (½") para pestañas de costura. Divida esa medida entre el largo del área en donde va a aplicar el holán.

Para dar el acabado al holán circular se puede forrar de la misma tela, de una tela más ligera o de color contrastante. El forro ocultará las orillas cortadas, proporcionando una orilla lisa de acabado. También puede acabar los holanes circulares sin forrar, con costuras francesas y dobladillarlos con el método de dobladillo angosto a máquina, páginas 104 y 105, o el dobladillo enrollado que se hace en una máquina de overlock.

Cómo hacer el patrón para un holán circular

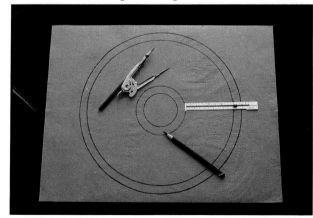

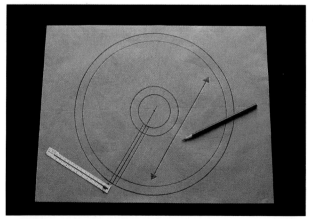

1) Trace el patrón sobre papel, comenzando con un círculo de 10 cm (4") o de la medida que necesite. Trace otro círculo 10 cm (4") más grande que el anterior, o de la medida del ancho que desee el holán, agregando 1.5 cm (⅝") para pestañas de costura tanto a la orilla interior como a la exterior del círculo.

2) Señale la abertura de la orilla al centro del círculo. Marque también pestañas de 6 mm (¼") a ambos lados de la abertura. El hilo de la tela debe ser paralelo a la abertura.

Cómo hacer un holán circular forrado

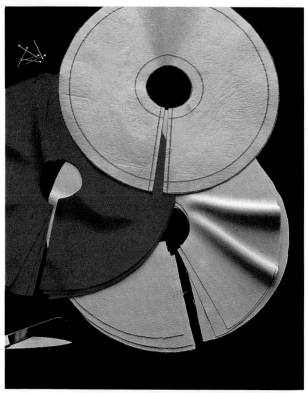

1) Corte las piezas de la tela de la prenda y el forro utilizando el mismo patrón. Para saber cuántas piezas debe cortar, consulte la página 84.

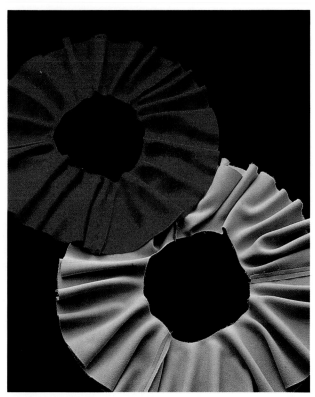

2) Una las piezas que cortó con la tela de la prenda, derecho con derecho, por las orillas rectas, dejando una pestaña de 6 mm (¹⁄₄") y repita para las piezas del forro. Planche las costuras abiertas.

3) Una el forro y el holán de la prenda, derecho con derecho, por la costura exterior del círculo. Planche la costura hasta las puntadas metidas.

4) Abra la costura y plánchela colocándola sobre una almohadilla de sastre o una tabla de sastre curva.

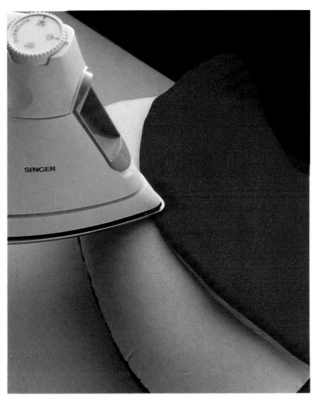

5) Voltee la prenda al derecho y planche ligeramente con la punta de la plancha la orilla exterior. Recorte la pestaña y déjela a 3 mm (¹/8").

6) Cosa ambas capas de tela, revés con revés por la orilla interior, justo dentro de la línea de costura.

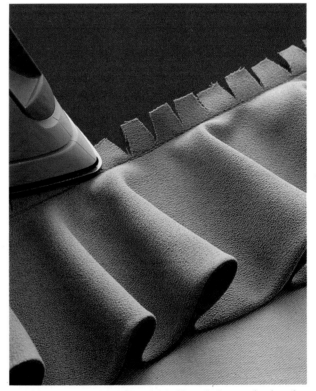

7) Haga cortes en las pestañas de costura hasta las puntadas, a intervalos regulares de 1.3 a 5 cm (¹/2" a 2"), según lo cerrado de la curva.

8) Junte las líneas de costura del holán y de la prenda, derecho con derecho y cosa. Planche ligeramente la pestaña separándola del holán.

Holanes cortados al bies: algo diferente

Las telas cortadas al bies no se arrugan con facilidad y debido a esto, los holanes cortados al bies son suaves y conservan su amplitud arrugándose poco. Se pueden plegar con mayor plenitud que los cortados a lo largo o ancho de la tela puesto que la tela se encoje conforme es jalada en diagonal. La orilla cortada al bies no se deshilacha, por lo que puede no requerir acabado especial.

Para confeccionar los holanes al bies, utilice dos veces el ancho de la tela; doble la tela por la mitad y a lo largo. Los holanes cortados al bies se pliegan con tres o cuatro hileras de puntadas para conservar la costura plana mientras se pega el holán a la prenda.

Si desea un holán cortado al bies con más cuerpo, póngale una entretela de organza cortada al bies.

Utilice una regla larga y un marcador de greda con carretilla para definir bien las líneas del corte. Si el holán va muy plegado, corte las tiras de bies de 3 a 4 veces el largo acabado y del doble del ancho ya terminado agregando 3.2 cm (1¹/₄") para pestañas de costura. Si el holán es menos amplio, corte las tiras de 1¹/₂ a 2¹/₂ veces el largo necesario.

Cómo hacer holanes cortados al bies

1) Para el holán que aparece en la página opuesta, corte tiras al bies. Si desea darles más cuerpo, corte también tiras de entretela de organza de la mitad del ancho que el holán.

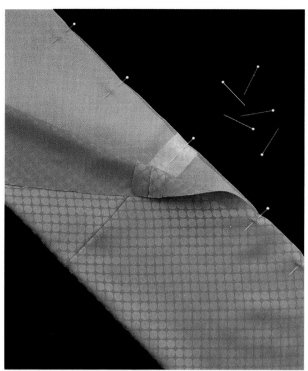

2) Una las tiras del holán y las de organza. Coloque la organza por el revés del holán, al parejo con una orilla cortada. Coloque la tela en una superficie plana, doblando el holán a la mitad, revés con revés. Para conservar el aspecto suave, no marque la orilla doblada. Acomode las tres capas juntas por las orillas cortadas y prenda.

3) Haga tres hileras de puntadas para plegar a través de todas las capas, con la primera hilera por la línea de costura. Jale todas las hileras de pespuntes al mismo tiempo y distribuya los pliegues en forma pareja. Anude los hilos después de plegar.

4) Acomode el holán sobre la prenda, derecho con derecho dejando las orillas cortadas al parejo y cosa. Cosa de nuevo a 3 mm (¹/₈") por dentro de la línea de costura. Desvanezca las pestañas de costura, pero no quite los hilos con los que plegó la tela.

Prendas cortadas al bies

Las prendas cortadas al bies son cómodas para usarlas y tienen una caída suave. Se adaptan a las curvas del cuerpo con mayor entalle que las prendas cortadas al hilo de la tela. Las prendas cortadas al bies se cortan en diagonal, a 45 grados del hilo transversal y del longitudinal de la tela. En las costuras rectas, agregue 3.8 cm (1½") de pestañas de costura porque las fibras cercanas a la orilla del corte se extienden lateralmente haciendo que la orilla cortada tenga mayor medida que la originalmente planeada.

Sugerencias para cortar prendas al bies

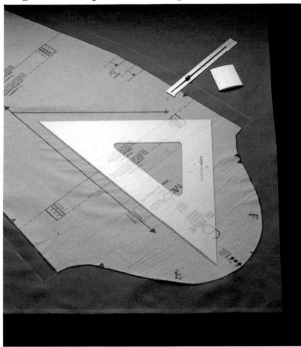

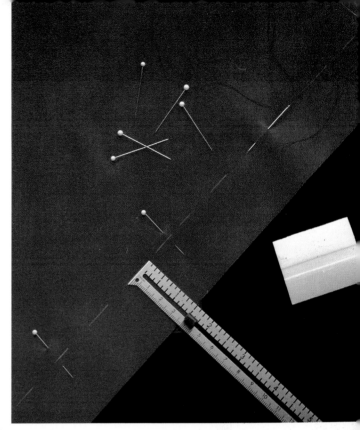

Señale el hilo de la tela en el patrón, a un ángulo de 45 grados respecto al hilo original de la tela. Acomode el patrón sobre una sola capa de tela, respetando el nuevo acomodo del hilo de la tela. Corte dejando pestañas de 3.8 cm (1½") en las costuras rectas. Voltee el patrón con la parte superior hacia abajo para cortar la segunda pieza.

Marque la línea de costura con greda para asegurarse de que vaya derecho. Hilvane las costuras a mano, acomodando las capas de tela sobre una superficie plana para evitar que se deformen. Corte el hilo de hilvanar cada 25.5 cm (10") en las costuras largas para no limitar la elasticidad diagonal. Al final de cada hilo, deje hebras sin anudar.

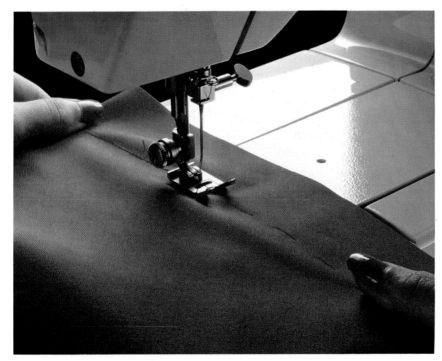

Estire la tela ligeramente cuando haga costuras al bies, para permitir la elasticidad necesaria en las costuras y evitar los frunces.

Deje durante 24 horas por lo menos, que la prenda cuelgue antes de hacerle el dobladillo ya que las costuras al bies tienden a estirarse. Prenda la línea de la cintura de la falda al gancho, colocando los alfileres a 2.5 cm (1") uno de otro. La blusa se colgará en un gancho acolchonado, con las hombreras en su lugar.

Cómo dar forma a las prendas con varillas

Las varillas son el secreto de un ajuste perfecto en la ropa de noche entallada así como en algunos trajes de baño. Aunque el fin no ha cambiado desde que se sostenían los corsés con huesos de ballena, en la actualidad se utilizan otros materiales, ya sean tiras plásticas cubiertas con telas tejidas o entretelas no tejidas, o se hacen de filamentos de polipropileno entretejidos con poliéster.

Las prendas entalladas a base de varillas tienen que ajustar perfectamente, con una amplitud mínima. Las mujeres de busto amplio también pueden aprovechar las varillas en prendas sin tirantes con el fin de impedir que el corpiño se deslice durante el uso.

Las varillas pueden usarse en prendas forradas o sin forrar, en cualquier área que necesite sostén. Por lo general se utiliza en las costuras verticales. En las prendas sin forrar, la varilla se cose en las pestañas de la costura. En las prendas forradas se puede coser a la parte interior del forro, de modo que quede completamente oculta.

Las varillas vienen ligeramente curvas, con contornos lisos. Colóquelas de manera que los extremos se curven hacia el cuerpo de quien use la prenda. De esta manera, al usar la prenda entallará sin dejar marcas al exterior.

Cómo coser las varillas de plástico

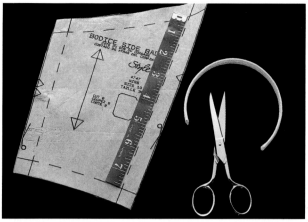

1) Corte la varilla con 2.5 cm (1") más de largo que el lugar en que la vaya a colocar.

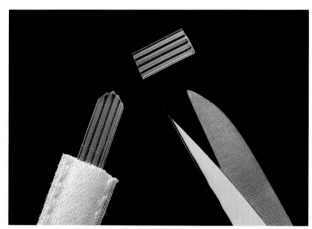

2) Empuje hacia afuera del forro la varilla, recortándole 1.3 cm (¹/₂") en cada extremo, redondeando los extremos.

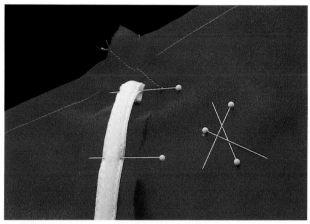

3) Doble los extremos del forro sobre la varilla hacia el revés. Coloque la varilla sobre la costura o en las líneas marcadas para ello, con los extremos curvándose hacia el cuerpo.

4) Cosa las orillas a máquina por el forro uniéndolas a las pestañas de la costura o al forro, con un prensatelas de uso general.

Cómo coser las varillas de polipropileno

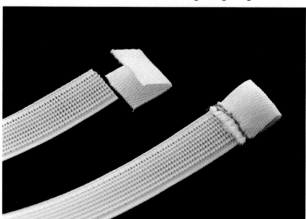

1) Corte la varilla del largo que requiere el lugar en que va a aplicarlo. Corte un trozo de cinta de lona de 1.3 cm (¹/₂") de ancho, con un largo de 2.5 cm (1"). Dóblela por la mitad y acomódela sobre el extremo de la varilla. Cosa a través de todas las capas 1 cm (³/₈") de la orilla de la varilla.

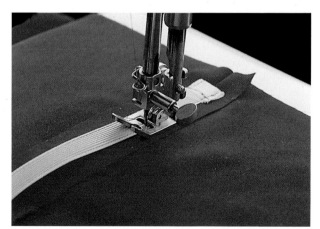

2) Coloque la varilla en su lugar con las orillas curvándose hacia el cuerpo. Cosa a máquina las orillas de la varilla uniéndolas a las pestañas de la prenda o al forro, con el prensatelas de uso general.

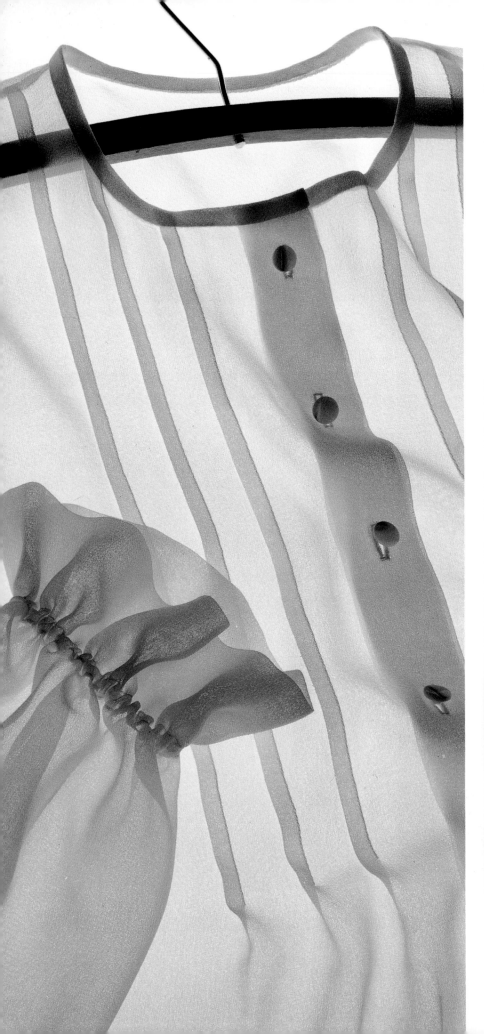

El misterio de la costura con un solo hilo

Para evitar los hilos anudados o las puntadas de remate, que merman la apariencia de las alforzas o pinzas cosidas en telas transparentes, utilice la costura con un solo hilo.

Se puede hacer en cualquier máquina de coser, utilizando la técnica de ensartado que se muestra abajo. Este proceso de ensartado se repite para cada alforza o pinza.

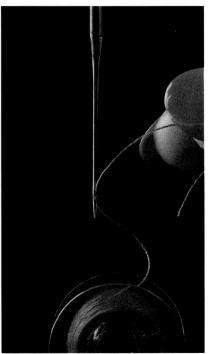

Ensarte la máquina usando únicamente el hilo de la bobina. El hilo de la bobina se ensarta en sentido inverso por la aguja, guíahilos y discos de tensión.

Cómo coser alforzas y pinzas con un solo hilo

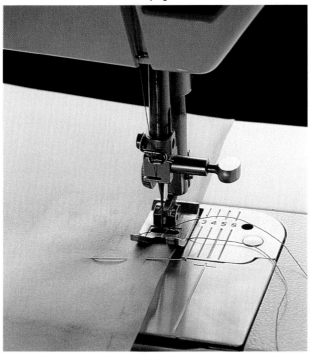

Alforzas. 1) Señale las líneas de costura para las alforzas con greda o tinta soluble al agua. Doble la tela, *revés con revés*, casando las líneas que marcó. Si la máquina está ensartada normalmente, baje la aguja hacia la tela en la parte inferior de la alforza.

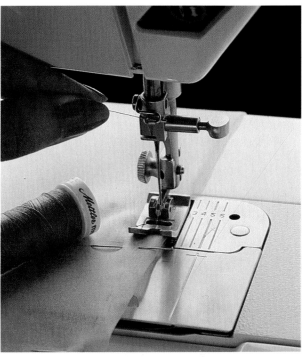

2) Jale el hilo de la bobina hacia arriba, pasándolo por las capas de tela. Quite el ovillo de hilo de la máquina. Ensarte el hilo de la bobina en sentido inverso por la aguja, guía-hilos y discos de tensión. Jale el hilo·más allá de los discos de tensión para dejar una hebra más larga que la alforza terminada, de modo que la tensión de la máquina lo controle.

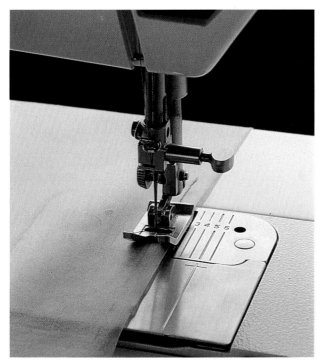

3) Cosa la alforza y planche. Repita el ensartado y la forma de co·ser con cada alforza.

Pinzas. Jale el hilo de la bobina y ensarte la máquina igual que en el paso 2, arriba. Cosa la pinza empezando por la punta y planche.

Diseños con telas listadas

Si se forman tablones o se eliminan algunas de las listas en una tela y se utiliza para parte de una prenda, armonizará con la otra parte de la prenda, confeccionada con la tela tal como viene. Se pueden obtener diferentes efectos con la misma tela, dependiendo de las listas que se eliminan. Si se desea otro efecto, se pueden coser alforzas en las telas listadas, utilizando las rayas como guías de costura (páginas 98 y 99).

Una tela listada también se puede cortar en tiras, perpendicularmente a las listas, para después unir las piezas formando un diseño de parches.

Antes de comprar la tela necesaria para confeccionar la prenda, tal vez desee experimentar con un pedazo de la tela para obtener el efecto deseado y ayudarse a determinar la cantidad de tela necesaria. Estas técnicas se recomiendan únicamente para telas de punto.

Costura creativa para coordinar telas listadas

Algunas de las franjas de una tela listada se pueden plegar o coser para formar con la misma tela, un aspecto diferente que pueda utilizarse para cuellos, puños y otros detalles.

Acomode la pieza del patrón sobre la tela ya cosida con el cambio y corte la sección deseada de la prenda. Dé el acabado a las orillas cortadas o forre la prenda para evitar que las costuras se deshilachen.

Oculte algunos de los colores de la tela listada uniendo la tela de manera que se vean sólo dos o tres colores.

Para crear una tela alforzada, cosa a lo largo de franjas previamente seleccionadas, poniendo la tela revés con revés.

Cómo coser telas listadas para coordinarlas

1) Doble la tela, derecho con derecho, acomodando la orilla de las rayas (flecha). Prenda o hilvane.

2) Haga la costura ligeramente más adentro que la orilla de las listas para asegurarse de que oculta el color.

3) Haga un corte en el doblez o recorte las pestañas de la tela, dejándolas de 6 mm (¹/₄"). Planche la costura abierta y repita hasta que la tela tenga el ancho o largo deseado.

Tela alforzada. Doble la tela, *revés con revés* y cosa por la orilla de una franja. Planche todas las alforzas hacia un solo lado.

Cómo hacer telas de parches

Una tela listada se puede cortar en tiras transversales y formar otra diferente cosiendo las tiras con un acomodo diferente que coordinará con la tela original. Para lograr un nuevo diseño, se requiere planificar, seleccionar cuidadosamente la tela y el dibujo y coser con precisión.

Se pueden obtener diferentes efectos, dependiendo del ancho de las listas, el número de colores y si la tela tiene listas uniformes o desiguales. El diseño también puede variar dependiendo del ancho de las tiras que corte. La nueva tela que forme luce más cuando se usa como orilla inferior en una camisa o blusa, o para áreas pequeñas de un vestido o corpiño, como bolsillos, canesú o puños.

Déle un nuevo aspecto a una tela listada uniendo tiras siguiendo un patrón diferente.

Una las tiras de tela listada para formar un efecto de "tablero" ya sea variando el ancho de las tiras, o cortándolas iguales.

Agregue cinta trenzada a lo largo de las costuras que unan tiras de tela listada para adornar el material que formó.

Cómo hacer una tela de parches

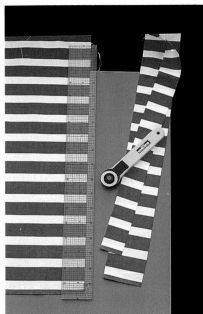

1) Corte tiras transversales de tela listada del ancho que desee, agregando 1.3 cm (1/2") para pestañas de costura.

2) Reacomode las tiras repartiendo los colores como desee. Prenda derecho con derecho, con las orillas cortadas parejas y haga costuras de 6 mm (1/4"). Acabe las orillas y planche las costuras abiertas.

Otra opción. Corte cinta trenzada al largo de las costuras; céntrela sobre la costura y cósala (páginas 102 y 103).

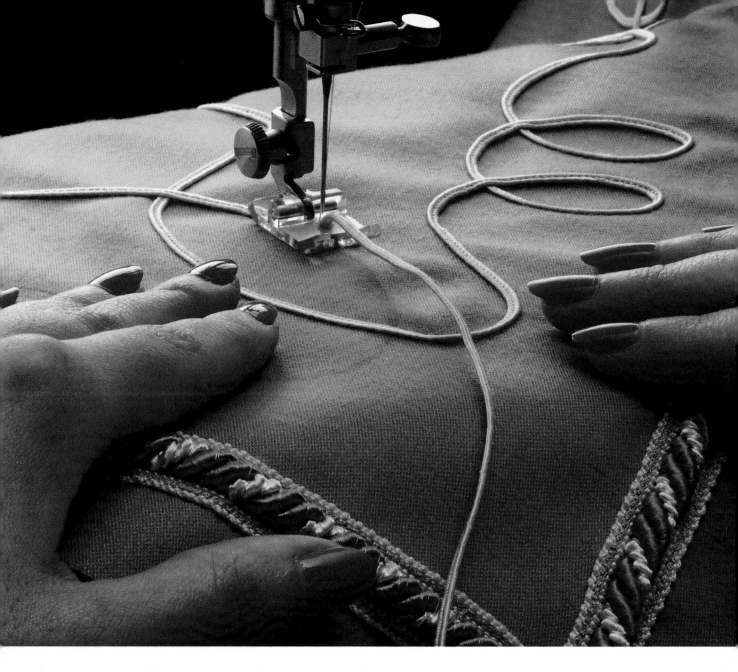

Trencillas cosidas a máquina

Los galones de trencilla proporcionan un aspecto elegante a una prenda. El término *pasamanería* se refiere a las trencillas con textura y a la aplicación de éstas formando arabescos sobre las telas. La pasamanería se utiliza de muchas maneras, ya sea para la orilla de una chaqueta, adornar el cuello y puños de una blusa o acentuar las costuras laterales de los pantalones.

Antes de usar la trencilla hay que encogerla vaporizándola con una plancha sin tocarla. Si la trencilla es lavable y se va a aplicar a telas lavables, se puede remojar en agua caliente por diez minutos para pre-encojerla. Séquela con una toalla y plánchela después, con el derecho hacia la toalla para que no pierda su textura.

Las trencillas de pasamanería con realce se cosen tradicionalmente a mano en el lugar deseado, pero también se puede coser a máquina con buenos resultados y mayor rapidez. Si el prensatelas se atora en la trencilla o no se des-liza con facilidad, quite el prensatelas y haga la costura a máquina como se indica en la página opuesta.

Para un acabado cuidadoso, aplique las trencillas de modo que empiecen y terminen en una costura, siempre que sea posible. En las esquinas, la mayoría de las trencillas planas se pueden doblar en ángulo, aunque algunas acordonadas lucen más al darles cierta amplitud en las esquinas.

Las trencillas cosen en las telas con círculos decorativos, haciendo el pespunte por el centro del adorno. No es necesario guiarlo sosteniéndolo si se ensarta a través de una cinta de plástico colocada en el prensatelas, como se muestra en la página opuesta. Esto permite guiar la tela con ambas manos. Si la tela que está cosiendo no tiene cierta firmeza, aplique tela fusionable por el revés de la labor.

Sugerencias para coser trencilla a máquina

Hilvane el galón en su lugar con líquido para hilvanar o lápiz adhesivo. Si la trencilla tiene un cordón grueso, quite el prensatelas y baje el elevador del prensatelas. Cosa utilizando hilo del mismo color o monofilamento de nailon, deslizando la tela en forma lenta y pareja.

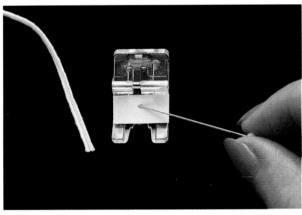

Siempre que sea posible, empiece y termine la colocación de la trencilla en una pestaña de costura. Cosa la trencilla a cada pestaña de costura dejando 1.3 cm (1/2") de la orilla. Deshilache la trencilla hasta la costura y corte el sobrante. Haga la costura.

Cómo coser la trencilla

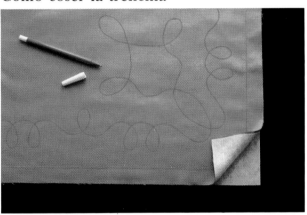

1) Pase el diseño a la tela utilizando pluma de tinta soluble o greda. Coloque por el revés de la tela una capa estabilizadora desprendible.

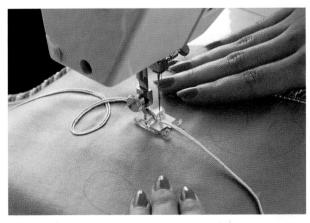

2) En la parte superior del prensatelas especial, coloque una cinta de plástico, perforándola en el centro del agujero por donde pasa la aguja, haciendo un agujero del ancho de la cinta trenzada.

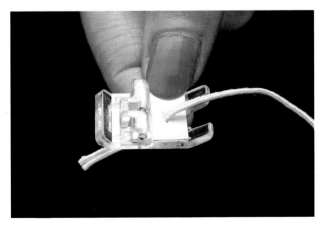

3) Coloque la cinta trenzada del frente hacia la parte trasera del prensatelas pasándola por el agujero en la cinta. Ponga el prensatelas de nuevo en la máquina.

4) Haga la costura por el centro de la cinta trenzada con puntadas cortas, mientras guía la tela de modo que la aguja siga el diseño marcado; la trencilla pasa sola. Quite la capa estabilizadora y planche ligeramente por el revés de la tela.

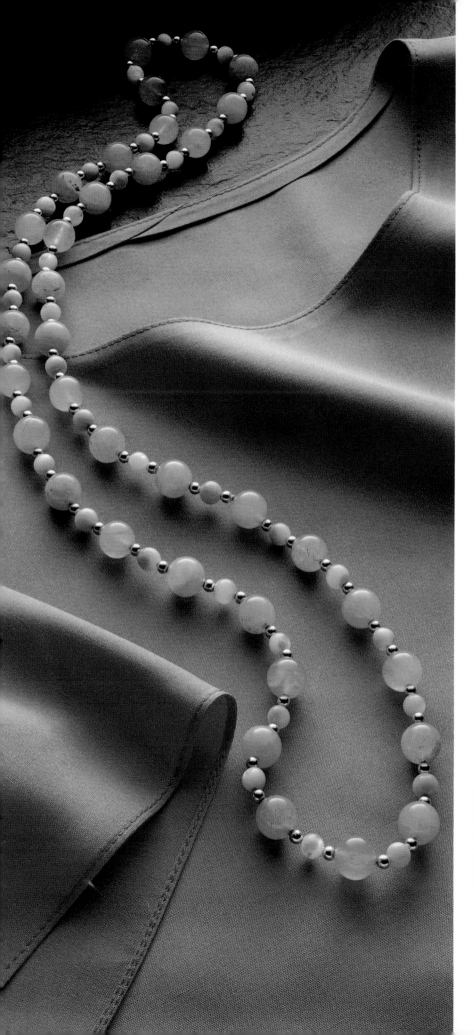

Orillas fáciles

Una blusa cerrada se puede terminar rápidamente a máquina. Si le pone una
vista de bies en el escote con los extremos traslapados, logrará un hermoso
acabado con dobladillos angostos cosi-
dos a máquina en las mangas y orilla inferior.

Para hacer la vista de bies, corte una
tira de bies de 3.2 cm (1¼") de ancho
con 5 cm (2") más de longitud que la
abertura del escote, para facilitar el traslape de las puntas.

Los dobladillos angostos a máquina
no son gruesos y resultan adecuados para las telas ligeras o sedosas. También
se usan para dobladillar prendas de sa-
tín, tafeta u organza. Para proporcionar
algún cuerpo adicional al dobladillo angosto, se le puede agregar trencilla de
crin.

Antes de coser el dobladillo hay que
recortar la pestaña a ³/8" (1 cm).

Cómo coser un dobladillo angosto

1) **Haga una costura** a máquina de 6 mm
(¼") de la orilla del dobladillo. Voltee la
orilla hacia el revés por la línea de puntadas
y planche el doblez.

Cómo coser una vista al bies en un escote

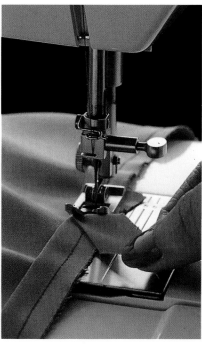

1) Corte al bies la vista, como se indica en la página opuesta. Doble la tira por la mitad a lo largo, *revés con revés* y planche. Recorte la pestaña de costura de la prenda dejándola de 6 mm (¼"). Coloque la tira por el derecho de la prenda juntando las orillas cortadas, con el extremo de la tira a 2.5 cm (1") del centro trasero.

2) Vaya disminuyendo el ancho de la tira jalándola hacia la pestaña de costura y cosa alrededor del escote. Traslape los extremos terminando como empezó, llevando el extremo hacia la pestaña.

3) Recorte las pestañas de costura. Planche la tira alejándola de la prenda y luego plánchela hacia el interior de ésta. Haga un pespunte en la orilla alrededor del escote, desde el lado derecho.

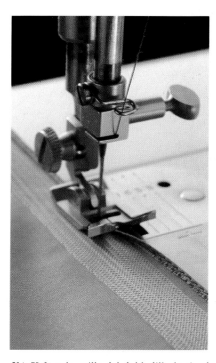

2) Cosa con puntadas cortas cerca del doblez. Recorte el sobrante de tela cerca de las puntadas con tijeras para aplicaciones. Planche para eliminar la holgura si la tela se ha estirado.

3a) Voltee la orilla del dobladillo hacia el revés, cubriendo la orilla cortada. Cosa a una distancia pareja de la orilla.

3b) Voltee la orilla del dobladillo hacia el revés, cubriendo la orilla cortada. Deslice una tira de trencilla de crin en el doblez a fin de dar cierta rigidez al dobladillo. Cosa a una distancia pareja de la orilla.

Dobladillo recto para abrigo

Al dobladillar una tela pesada, como la de un abrigo, ayuda mucho distribuir el peso de la tela utilizando varias hileras de puntadas. Si el dobladillo es ancho o pesado, se pueden hacer tres o más hileras de puntadas para evitar que se cuelgue.

Ponga una entretela a la pestaña del dobladillo, que puede ser de tela de crin o entretela fusionable. Antes de coserlo, acabe la orilla cortada con un ribete, con overlock o con zigzag. Cosa el dobladillo con un surjete flojo, para que la tela no se frunza.

Cómo dobladillar las telas gruesas

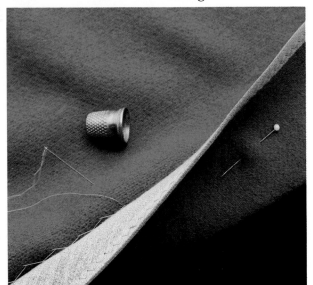

1) Ponga entretela a la pestaña del dobladillo y acabe la orilla de éste. Plánchelo ligeramente, prendiendo a la mitad de la orilla del dobladillo y la pestaña del mismo. Doble hacia atrás a lo largo de los alfileres y haga surjete para detenerlo.

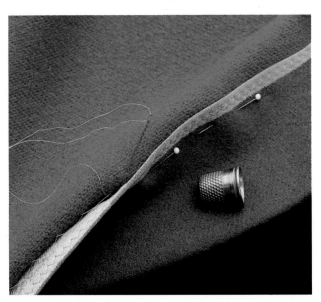

2) Prenda la orilla del dobladillo en su lugar, doblando la orilla ligeramente hacia afuera a lo largo de los alfileres y haga un surjete flojo.

Dobladillo
suelto

Cuando un dobladillo es virtualmente invisible, la prenda luce mucho más. Un dobladillo suelto, suspendido del forro de organza no sólo impide que las puntadas se vean desde el derecho de la prenda, sino que también la forra.

Ajuste el patrón de la tela para cortar el forro de organza restando el doble del ancho del dobladillo a la orilla de dobladillo del patrón y agregando dos anchos de pestaña para costura.

Cómo coser un dobladillo suelto

 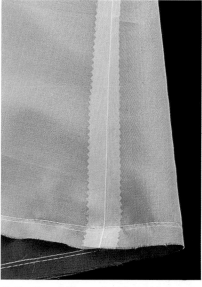 

1) Corte el forro de organza como se indica anteriormente. Haga las costuras laterales en la falda y el forro y planche las costuras abiertas. Haga un hilván corto para desvanecer la orilla del dobladillo de la falda.

2) Deslice el forro sobre la falda, derecho con derecho. Jale el hilván de modo que coincidan perfectamente las orillas de los dobladillos. Una las orillas con costura a máquina.

3) Voltee la prenda con el derecho hacia afuera. Hilvane las orillas en la línea de cintura uniéndolas. Planche ligeramente la falda.

Ideas divertidas con botones

Por lo general, quienes cosen tienen una reserva de botones puesto que guardan los botones sobrantes de una labor y los que les quitan a las prendas que descartan. Hay muchas maneras creativas de aprovechar estos botones.

Si quiere hacer brazaletes con botones, seleccione una cinta elástica del ancho y color que desee. Si lo quiere ajustado, corte la circunferencia del brazo más una tolerancia para el traslape. Haga una argolla con la cinta elástica y cosa uniendo los extremos. Cosa los botones muy cerca uno de otro de modo que traslapen unos con otros cubriendo el resorte.

Los zapatos de tela así como los broches para el cabello se pueden adornar con botones que armonicen con su atuendo.

También puede diseñar aretes combinando varias formas y texturas de botones, empleando una gama de color que complemente su ropa. El material para hacer aretes se compra en las tiendas que venden materiales para joyería o para artesanía.

Botones y moños

Los botones y los moños le agregan atractivo a una prenda que de otra manera se vería muy anónima. Pueden ser decorativos o funcionales.

Puede coser botones en la orilla de una manga y formará un puño atractivo, o puede formar un diseño en forma de moño, como se presenta en la figura de la izquierda. Refuerce el área de su diseño forrándola para que sostenga bien los botones. Puede coserlos a máquina antes de armar la prenda o pegarlos a mano a una prenda ya hecha. Utilice cuatro hebras de hilo para pegar los botones con sólo dos puntadas.

Los moños se han usado durante siglos para adornar la ropa. En la página opuesta se muestra una manera fácil de atar un moño. Para que la tela o el listón no pierdan su aspecto de nuevo, tóquelos lo menos posible.

Los botones proporcionan un toque decorativo a la prenda y la transforma de sencilla en única.

Cómo hacer moños
rápidamente

1) Forme dos lazadas iguales a 2.5 cm (1")
de distancia una de otra.

2) Pase una lazada frente a la otra.

3) Pase la lazada por detrás y a través de la
abertura del centro (flecha). Jale las lazadas
para acomodarlas.

Puede utilizar crisantemos de tela para armonizar los zapatos con una cartera. Para los zapatos, cosa por la parte trasera de la flor un gancho grande de un broche de gancho deslizándolo sobre la orilla del zapato. Para el adorno de la cartera, cosa el crisantemo directamente a la aletilla de ésta.

Botones de crisantemo

Los botones de crisantemo se pasan por los ojales soteniendo juntas las lazadas y esponjando los pétalos después para que luzcan.

Las flores de tela le dan un toque final agradable a un conjunto cuando se usan como botones o adornos. Los ojales hechos a máquina o forrados resultan adecuados para usarlos con botones de crisantemo. Haga botones de prueba en varios tamaños para ver el tamaño que, con el mejor aspecto, resulta más adecuado.

Utilice tubo de bies de 6 mm (1/4") para hacer estos adornos en forma de moños. Para hacer el tubo, corte una tira de bies de un material ligero de .95 m (1 yarda) de largo y de 2.5 cm (1") de ancho para formar cada botón en forma de crisantemo. Doble la tira por la mitad a lo largo, derecho con derecho, y haga una costura de 6 mm (1/4"). Voltee el tubo poniendo el derecho hacia afuera, con un ganchillo largo.

Cómo hacer un botón de crisantemo

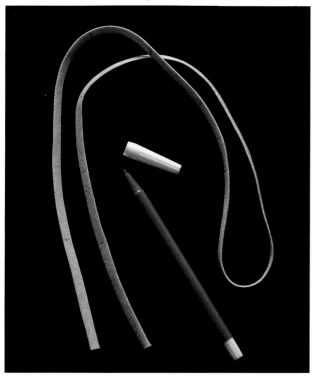

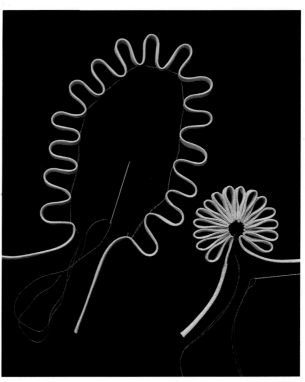

1) Haga señales en un tubo de bies de .95 m (1 yd.) cada 5 cm (2"), empezando y terminando a 7.5 cm (3") de cada extremo del tubo.

2) Cosa a través de cada marca en el tubo, con dos hebras de hilo. Jale y cierre acomodando las lazadas.

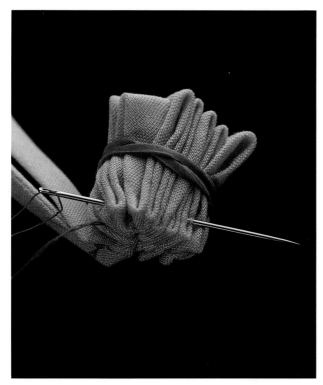

3) Junte todas las lazadas y sosténgalas con una liga. Cosa las lazadas en la posición que desee, usando dos hebras de hilo.

4) Corte un extremo del tubo a 1 cm (³/₈") de las lazadas. Voltee la orilla cortada al interior del tubo y péguelo con surjete a la parte trasera del botón. Corte el otro extremo a 2.5 cm (1") de las lazadas. Voltee la orilla cortada al interior y ciérrela con surjete. Haga un tallo para el botón doblando esa tira a la mitad, asegurándola con puntadas por la parte de atrás del botón.

Cinturón de listón trenzado

Un sólo listón puede ser una forma sutil de acentuar el color en una prenda, y varios listones entrelazados, todavía pueden darle mayor encanto.

El listón trenzado se puede usar como cinturón y el ancho depende del ancho del listón. Si confecciona un cinturón trenzado listón de 1.5 cm (⁵/₈") ya acabado medirá 3.8 cm (1¹/₂") de ancho.

Para hacer un cinturón de listón trenzado, mida la línea de la cintura sobre la prenda y agregue 3.8 cm (1¹/₂") para acabar los extremos. Los listones se entretejen hasta

alcanzar esta medida. Corte cuatro largos de listón de doble vista, cada tramo debe medir una tercera parte más que el largo del trenzado que necesite. Por ejemplo, si la trenza debe medir 68.5 cm (27"), corte 91.5 cm (36") de cada listón.

Para acabar los extremos del cinturón, utilice cinta de popotillo, que es muy durable. Necesita un listón de popotillo que mida de largo diez veces el ancho del listón de doble vista.

Cómo hacer un cinturón con listón trenzado

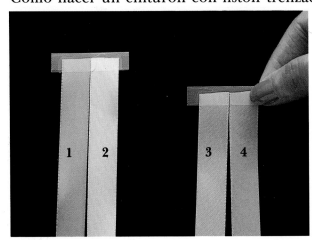

1) Junte los listones en dos juegos de dos listones cada uno. Los listones se denominan ahora listón 1, listón 2, listón 3 y listón 4.

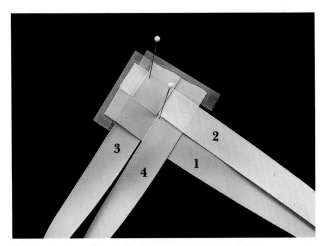

2) Prenda las orillas de los listones a una superficie larga y acojinada. Pase el listón 2 debajo del listón 3 y sobre el listón 4. Pase el listón 3 sobre el listón 2 y bajo el listón 1. Pase el listón 4 bajo el listón 2 y sobre el listón 1.

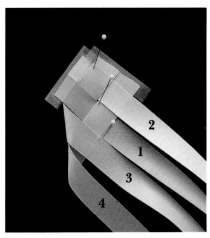

3) Doble los listones 3 y 4 hacia arriba, por encima, para alinearlos con los listones 1 y 2.

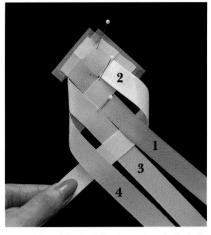

4) Doble el listón 2 hacia atrás; páselo bajo el listón 1, sobre el listón 3 y bajo el listón 4.

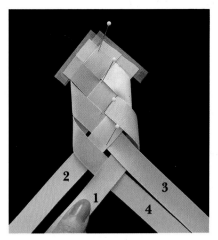

5) Doble el listón uno hacia atrás y páselo bajo el listón 3 y sobre el listón 4.

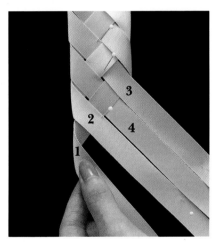

6) Doble los listones 1 y 2 hacia arriba y por encima para alinearlos con los listones 3 y 4.

7) Doble el listón 3 hacia atrás; pase bajo el listón 4, sobre el listón 2 y bajo el listón 1.

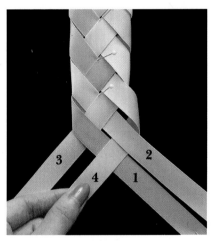

8) Doble el listón 4 hacia atrás y páselo bajo el listón 2 y sobre el listón 1. Repita los pasos del 3 al 8 hasta que la trenza tenga el largo deseado.

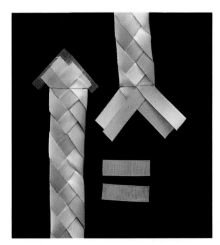

9) Cosa los extremos al largo del cinturón terminado. Corte dos tiras de cinta de popotillo de 1.5 cm (⁵/₈"), cada una con 1.3 cm (¹/₂") más de largo que el ancho de la trenza de listón.

10) Voltee hacia abajo los extremos de las tiras de popotillo 6 mm (¹/₄"). Coloque una de las tiras largas en las líneas de puntadas, una por el derecho y otra por el revés. Cosa por la orilla del listón.

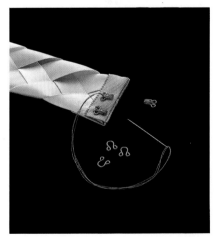

11) Recorte la pestaña de la trenza de listón a dejarla de 6 mm (¹/₄"). Doble las tiras hacia atrás, cubriendo los extremos de la trenza y cosa a mano en su lugar. Cosa los broches.

Aplicaciones de flores de seda

Las flores de seda se pueden aprovechar para hacer aplicaciones decorativas. Pueden adornar las prendas, incluyendo trajes de noche y ropa informal, o se pueden utilizar para hacer un cuadro con relieve.

En el caso de una prenda lavable, meta las flores en agua jabonosa y enjuáguelas para ver si destiñen. Esto es importante en especial para el rojo o los colores oscuros.

Si quiere aplicar flores de seda en una prenda, separe las flores y quíteles los alambres o cinta de florista que puedan tener. Acomode los pétalos formando nuevas flores y cósalos a la prenda (páginas 119 a 121). Puede combinar los pétalos de dos flores para formar una sola, modificando su aspecto.

Cuando vaya a utilizar flores de seda en una cuadro con relieve, no es necesario que quite todos los alambres de los pétalos o tallos, ya que le pueden ayudar a formar su arreglo. Las flores pueden ir pegadas en lugar de cosidas.

Antes de empezar, piense bien cómo va a acomodar las flores, marque la línea para el tallo y el espacio general entre las flores principales.

Utilice hilo ligero de monofilamento para coser las flores de seda, ya que es invisible y no resta atractivo a las flores. Puede utilizar hilo de uso general para coser los tallos. (En las ilustraciones que se presentan a continuación, se utilizó hilo contrastante para que se puedan apreciar los detalles).

Sugerencias para hacer aplicaciones de flores de seda

Acomode una sobre otra, dos o más flores de una sola capa. Cósalas a la labor por el centro de la flor. Cosa a mano una perla, botón o perlas diminutas en el centro de la flor.

Tome dos o más capas de pétalos por el centro y acomódelos a mano para formar un capullo más lleno. Cosa las capas de tela por la base de la flor y fíjela con puntadas en su labor.

Coloque estabilizador desprendible bajo la tela en el área del tallo. Cosa encima de un estambre con puntada de zigzag para formar el tallo y quite el estabilizador. Cosa las hojas por la vena central para fijarlas a su labor.

Cómo dar forma a los pétalos para hacer una flor

1) Desprenda los pétalos del tallo y quite los alambres y los estambres.

2) Enrolle el pétalo para darle forma de capullo y cosa a través de todas las capas; utilícelo como capullo o como pétalo central de una flor. Para empezar a formar la flor, envuelva otro pétalo alrededor del pétalo central, 6 mm (¹/₄") más alto que el pétalo central.

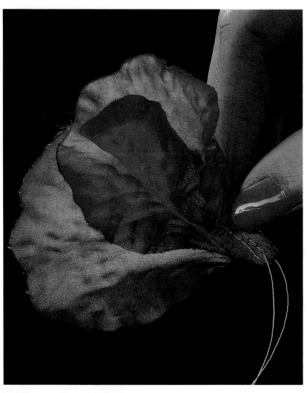

3) Siga envolviendo pétalos alrededor del pétalo central hasta completar el número planeado.

4) Cosa hacia adelante y hacia atrás por la base de la flor, ya sea a máquina o a mano para fijar los pétalos.

5) Doble los pétalos hacia afuera para lograr la forma deseada. Fije un pétalo con otro para dar forma a la flor, trabajando del centro de la flor hacia afuera.

6) Corte la base de la flor cerca de las puntadas. Cosa la base a la prenda en el lugar adecuado, cosiendo sobre las puntadas anteriores.

7) Doble hacia atrás uno o dos pétalos del exterior en la parte superior de la flor y fíjelos a la prenda para impedir que la flor se caiga.

8) Doble hacia atrás uno o dos de los pétalos exteriores en la parte inferior de la flor y cósalos a la prenda, cubriendo la base cortada de la flor.

Secretos para bordar encaje

Déle un toque especial a una prenda agregando un canesú con un delicado bordado en encaje. También puede hacer un cuello de encaje para usarlo con muchas prendas diferentes.

El encaje se puede bordar en una máquina convencional, quitando el prensatelas. En algunas máquinas se puede utilizar el prensatelas para remendar. Coloque dos capas de tul sobre un estabilizador soluble al agua y sostenga a éstas firmemente con un bastidor para bordado.

El encaje se borda con aguja delgada e hilo para bordar a máquina. También puede utilizar hilo de seda o de rayón para que el bordado tenga cierto lustre en las puntadas. Para definir más los detalles del diseño, cosa varias veces sobre las líneas del mismo para definirlo mejor.

Cómo hacer encaje bordado

1) Transfiera el diseño del bordado al tul con una pluma de tinta soluble al agua.

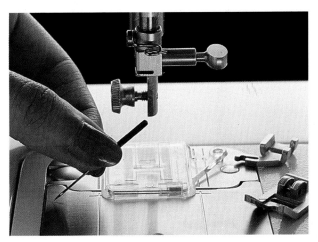

2) Quite el prensatelas. Cubra los dientes del transportador con el cubreplaca del transportador, o bájelos. Afloje la tensión y quite la presión del prensatelas. Inserte una aguja delgada.

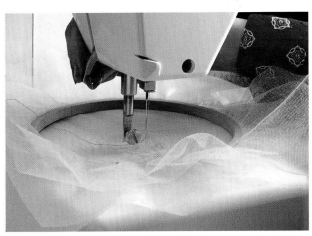

3) Coloque dos capas de tul poniendo abajo una capa doble de estabilizador soluble, con la parte de arriba hacia abajo, metiéndolo en el bastidor de bordar. Acomode el bastidor bajo la aguja. Baje el elevador del prensatelas para controlar la tensión en el hilo superior.

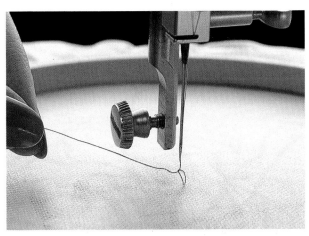

4) Ajuste la máquina para costura recta. Gire el volante de mano mientras sostiene el hilo de la aguja, para jalar hacia arriba el hilo de la bobina, sobre la tela. Haga varias puntadas en un solo lugar para fijar los hilos. Recorte las hebras sobrantes.

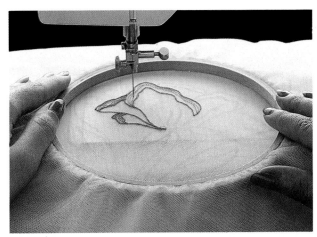

5) Sostenga el bastidor plano contra la base de la máquina con ambas manos. La máquina debe tener un ritmo uniforme mientras delinea el exterior del diseño, utilizando la aguja como lápiz; mantenga el aro del bastidor siempre en una dirección.

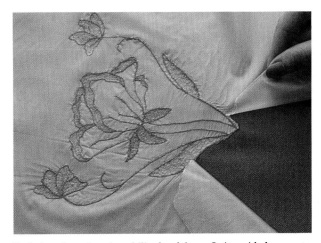

6) Quite el encaje y el estabilizador del aro. Quite cuidadosamente todo el estabilizador que le sea posible. Humedezca el encaje en agua fría para quitarle los restos del estabilizador y la pluma para marcar. Planche.

Cómo perforar papel

Las puntadas decorativas que pueda hacer su máquina de coser, pueden aprovecharse para crear originales tarjetas de felicitación o papelería personal. Utilice un papel firme, aguja larga y puntada larga.

Practique los diseños de puntadas en papel para máquina de escribir, con y sin hilo en la máquina. Algunos diseños resultan invisibles cuando no se utiliza hilo para conectar las perforaciones, en tanto que otros pueden resultar demasiado complejos y romper el papel. Cuando trabaje con hilo, puede emplear cualquiera de los que se acostumbran para bordar a máquina, aunque también puede experimentar con diferentes clases de hilo, tal como los hilos metálicos. Cuando no trabaje con hilo, puede sobreponer varias capas de papel y perforarlas juntas.

Haga pruebas de su diseño utilizando varias agujas. Las agujas biseladas dejan una ranura en el papel; las agujas dobles le dan dos hileras simultáneas del mismo diseño.

Diferentes usos para el papel perforado

Las tarjetas comerciales se pueden decorar con un margen de puntadas, lo que les da un toque de originalidad.

Las hojas de papel para cartas y las cubiertas de los sobres se pueden perforar, o coserlas con hilo.

Las tarjetas para lugares individuales se pueden adornar con un cordón decorativo cosido por encima, para darles un toque festivo.

Índice

OCEANSIDE
PUBLIC LIBRARY
www.oceansidepubliclibrary.org

330 North Coast Hwy
Oceanside, CA 92054
760-435-5600

Hours:
Monday & Tuesday   10-7
Thursday - Saturday 10-5:30
Sunday: CLOSED

Transaction at: 10/01/2011

1. 31232007278486
Title: Troubleshooting and repairing
consumer electronics
DUE DATE 10/25/2011 23:59

2. 31232006830782
Title: Ropa para niños
DUE DATE 10/25/2011 23:59

3. 31232004691368
Title: 101 secretos de costura
DUE DATE 10/25/2011 23:59

You have checked out 3 book(s) today.